断末魔の文在寅《ムン・ジェイン》

韓国大統領守護霊の霊言

大川隆法
RYUHO OKAWA

まえがき

ようやく日本のマスコミも、公式に韓国批判や文在寅《ムンジェイン》大統領批判を一斉に始めたようだ。

文大統領の本音を探るべく、三回目の守護霊リーディングをやってみた。当日、八月三十一日、韓国の国会議員六名が島根県の竹島に上陸して怪気炎《かいきえん》を上げ、日本政府が例によって、「不法上陸したのは誠に遺憾《いかん》である。」と発表したのを知ったのは、本収録の何時間か後のことである。

日本の左翼系マスコミも「島根県の竹島に上陸」と伝えていたのが、やや不思議に感じられたが、文在寅氏のあまりの奇行《きこう》の多さに、日本の国論が変わりつつあるのかもしれない。

このレベルの大統領が続いているのは、韓国の不幸であり、涙を禁じえない。北朝鮮・韓国とも、世界から孤立していることを率直《そっちょく》に認めたほうがよかろう。

二〇一九年　九月三日

幸福《こうふく》の科学《かがく》グループ創始者兼総裁《そうししゃけんそうさい》　大川隆法《おおかわりゅうほう》

断末魔の文在寅 韓国大統領守護霊の霊言 目次

断末魔《だんまつま》の文在寅《ムンジェイン》　韓国《かんこく》大統領守護霊《しゅごれい》の霊言《れいげん》

二〇一九年八月三十一日　収録
幸福の科学　特別説法堂《せっぽうどう》にて

6 「永遠の反日」思想の底にあるもの 105

「霊言現象《れいげん》」とは、あの世の霊存在の言葉を語り下ろす現象のことをいう。これは高度な悟《さと》りを開いた者に特有のものであり、「霊媒現象《れいばい》」（トランス状態になって意識を失い、霊が一方的にしゃべる現象）とは異なる。外国人霊の霊言の場合には、霊言現象を行う者の言語中枢《ちゅうすう》から、必要な言葉を選び出し、日本語で語ることも可能である。

また、人間の魂《たましい》は原則として六人のグループからなり、あの世に残っている「魂のきょうだい」の一人が守護霊《しゅごれい》を務めている。つまり、守護霊は、実は自分自身の魂(たましい)の一部である。したがって、「守護霊の霊言」とは、いわば本人の潜在《せんざい》意識にアクセスしたものであり、その内容は、その人が潜在意識で考えていること（本心）と考えてよい。

なお、「霊言」は、あくまでも霊人《れいじん》の意見であり、幸福の科学グループとしての見解と矛盾《むじゅん》する内容を含《ふく》む場合がある点、付記しておきたい。

断末魔《だんまつま》の文在寅《ムンジェイン》 韓国《かんこく》大統領守護霊《しゅごれい》の霊言《れいげん》

二〇一九年八月三十一日　収録
幸福の科学 特別説法堂《せっぽうどう》にて

文在寅《ムンジェイン》（一九五三〜）

大韓民国《だいかんみんこく》の大統領。慶熙《キョンヒ》大学校卒。在学中に朴正熙《パクチョンヒ》政権に対する民主化運動で投獄《とうごく》される。一九八〇年、司法試験に合格し弁護士になると、八二年に、後《のち》の大統領・盧武鉉《ノムヒョン》氏と法律事務所を開業。盧政権発足《ほっそく》後は大統領秘書室長等を歴任する。その後、「共に民主党」代表等を経《へ》て、二〇一七年五月、第十九代大統領に就任。

質問者

綾織次郎《あやおりじろう》（幸福の科学常務理事 兼《けん》 総合誌編集局長 兼「ザ・リバティ」編集長

兼 ＨＳＵ〔ハッピー・サイエンス・ユニバーシティ〕講師）

市川和博《いちかわかずひろ》（幸福の科学専務理事 兼 国際本部長）

藤井幹久《ふじいもとひさ》（幸福の科学宗務《しゅうむ》本部特命担当国際政治局長〔参事〕）

［質問順。役職は収録時点のもの］

1　急激に悪化するアジア情勢、日本の国家戦略を探《さぐ》る

保守系雑誌に「さようなら」と言われた韓国《かんこく》

大川隆法　現在、国際情勢がいろいろと動いていますが、アジアのあたりが特にきな臭《くさ》くなっています。

香港《ホンコン》も、今、ちょっとゴタゴタしてはいるのですけれども、もう一つ、近未来的にどうしても大きな問題になると思われる朝鮮《ちょうせん》半島については、見通しがあまりついていない状態です。

韓国《かんこく》の文在寅《ムンジェイン》大統領につきましては、すでに、二〇一七年に守護霊霊言《しゅごれいれいげん》を出し、その後、朝鮮半島の南北対話も始まったので、二〇一八年には文在寅大統領と

●二〇一七年に守護霊霊言……『文在寅 韓国新大統領守護霊インタビュー』（幸福の科学出版刊）参照。

金正恩《キムジョンウン》委員長の守護霊霊言を出しました。そのように二年続けて出していますが、今年（二〇一九年）はまだ出していません。

今、安倍《あべ》政権下で、「韓国と日本との関係は最悪になりつつある」という説もあります。ただ、これ以上に悪い時代もあったかもしれないので、何とも言えませんけれども、今、「最悪ではないか」とも言われています。

保守系の雑誌等でも、例えば、「さようなら、韓国！」（「Ｗ・ｉＬＬ《ウィル》」10月号別冊）とか、「病根は文在寅」（「正論」10月号）などという題で特集を組む雑誌もあるような状況《じょうきょう》であり、はっきり言って、嫌《いや》な感じが漂《ただよ》っています。

以前、鳩山由紀夫《はとやまゆきお》元首相がソウルへ行って〝土下座〟をした写真が、この雑誌にも載《の》ったりしていますが、これも嫌な感じではあります。こういうことをするから余計にややこしいことになって、あちらでは安倍首相のお面を被《かぶ》って土下座をする

●二〇一八年には……　『文在寅守護霊 vs. 金正恩守護霊』（幸福の科学出版刊）参照。

パフォーマンスがなされたりしているのでしょう。

最近も、韓国では「反安倍」のデモなどが行われていますが、一方では「反文在寅」のデモも行われていて、本当はそちらのほうが「反安倍」のデモよりも規模は大きかったのに、報道はされないといったこともあるように聞いています。

例えば、「反安倍」で五万人のデモがあったとしたら、「反文在寅」で八万人のデモがあっても報道はしなかったり、せいぜい三千人ぐらいだったような感じで流したりするなど、いろいろと操作されているようでもあります。

しかし、何か急に噴《ふ》き出してきた感じは否《いな》めません。南北問題、韓国と北朝鮮の関係が進行しなくなってきたあたりで、「これからどうすべきか」、「どうなるべきか」、あるいは「どうなるであろうか」といったことについて、二〇一九年段階での一定の見識が要《い》るのではないかと思います。

安倍内閣としても一定の方針を持つ必要があり、単に「仲が悪い」というだけではいけないと思います。すでに口もきかない状態になっているようではありますし、トランプ大統領なども、韓国のことは多少見放しているような感じもあり、予断を許さない状況です。

統治能力がないので「反日」で求心力をつくる韓国《かんこく》

大川隆法　私たちは、以前、韓国《かんこく》の連続テレビドラマ「冬のソナタ」等が流行《はや》り、俳優のペ・ヨンジュンが憧《あこが》れられたり、女優のチェ・ジウなども人気があったりして、韓流《ハンりゅう》ブームがあった時代を懐《なつ》かしく覚えている世代ではあります。

そのころ、私も、「何とかして韓国語をマスターしよう」と思って、「冬のソナタ」のDVDを買い、全編を三回も聴《き》き直したこともありました。結局、マスターはできませんでしたが……。

あのころと比べると、ずいぶん環境《かんきょう》は悪くなったという感じがします。

その後、保守系の大統領も出てきたものの、保守系であっても、だいたいは反日でしたし、今回の文在寅氏のような左翼《さよく》的な弁護士が大統領になっても、やはり反日であり、統治能力のない分、余計に「反日」を求心力にしてやっているようにしか見えない面もあります。

日本側の保守系雑誌等も、言うことがだんだんきつくなってきてはいるので、「さあ、どうしたものかな」と思っている状況です。

幸福の科学も、韓国に支部等があることはあるのですが、信者数が伸《の》び悩《なや》んでいる感じはありますし、私のほうも、十年ぐらい前に韓国へ講演に行ってはいるのですけれども、何となく行きにくい雰囲気《ふんいき》も出てきてはいます。よくは分かりませんが、もしかすると、「韓国批判の隠《かく》れた最右翼が私なのかもしれない」という恐《おそ》れもないわけではありません。

「何百年か前の国」のようで、思考回路が分からない

大川隆法　韓国はトップ一人が替《か》わっただけでも、ものすごく変わる国です。大統領が替わると、前大統領を捕《つか》まえて刑務所《けいむしょ》に放り込《こ》んだり、財産を没収《ぼっしゅう》したりする

ような変な国であり、「何百年か前の国」を見ているような感じがして、どうもすっきりしません。

思考回路も、やはりよく分からないものがあります。「なぜそんな思考回路になるのかな」ということが、もうひとつ分からないのです。沖縄《おきなわ》の住民の考えが、いつも中央政府と違《ちが》うようなところと少し似ているのかもしれません。

昨日《きのう》（二〇一九年八月三十日）、「米軍が最も恐れた男 その名は、カメジロー」という、沖縄の活動家である瀬長亀次郎《せながかめじろう》のドキュメンタリーを観《み》ていたのですけれども、あのような感じになるのかなという気はするのです。

沖縄では、先の大戦のとき、米軍の上陸によって島民の四分の一が亡《な》くなっています。ですから、今は米軍基地があることによって経済的に潤《うるお》っている面もある一方で、四分の一もの人が殺されたために、アメリカ施政《しせい》下でも「反米運動」が根強かったというのは分かりますし、それが本当に左翼なのかどうかはちょっと分からないところもあります。〝米軍を追い出したい運動〟のようなものであれば、本当は左翼なのか右翼なのかが分からない面もありますが、「悔《くや》しい気持ち」だけはよく分かる気もするのです。その感情は分かるところもあります。

ただ、現時点での国際情勢を見るかぎり、中国の覇権《はけん》主義が強くなって、香港や台湾《たいわん》等が危なくなっており、沖縄も危ない状況ではあります。

もちろん、沖縄から米軍基地を撤去《てっきょ》すること自体は可能なのかもしれませんが、そうであれば、日本はきちっと国防軍をつくり、「主権国家」として判断できるようになっていなければいけないでしょう。

しかし、そのようなことができない状況のなかで、米軍の撤退ということになると、完全に無防備状態になるため、中央政府としてはそう簡単にはいかないことは分かるわけです。したがって、これは〝力比べ〟になりますが、住民感情と一緒《いっしょ》というわけにはいきません。

沖縄からすれば、北朝鮮からのミサイルを撃《う》ち落とすためのイージス・アショア（地上配備型の防衛システム）を秋田県に置こうとしたら、それに反対した人が参議院議員選挙で勝ったりしているのを見ると、やはり、「本土のほうはずいぶんわがままだ」というように見るだろうとは思います。

国内でもそのようなものなので、それほど安定した状態ではないでしょうが、特に、文在寅氏と安倍首相とは、何だか〝そりが合わない〟という感じが強く出てきつつあるように思います。

新聞広告では伏《ふ》せ字まで使われている文在寅大統領

大川隆法　新聞の広告では伏《ふ》せ字になっていましたが、「文在寅氏は認知症《にんちしょう》なのではないか」といった雑誌の記事まで出ていました。

確かに、似たような名前のものと言い間違えたり、マレーシアで大統領と会ったときにインドネシア語で挨拶《あいさつ》したりするなど、ちょっと怪《あや》しいこともあるので、そういう声まで出てき始めているようです。

このように、言い始めるときりがないのですが、日本が韓国のことを言うと、だいたいヘイトスピーチに認定されてしまいます。しかし、韓国が言っていることは、ことごとくヘイトスピーチに近いので、フェアな感じではないのですが、向こうの考えでは、「〝百年越《ご》し〟の歴史認識で見れば、それがフェアなんだ」ということであろうかと思います。

最近は少し感じが変わりつつあるかもしれませんが、思考の形態自体は中国なども似たようなもので、以前は、中国の報道官は必ず「完全な否定」というか、正反対のことを言うようなこともありました。事実があろうがなかろうが、一方的にすべてを否定するようなことを言うので、多少似たような感じは受けています。

少し寒くなって唐辛子《とうがらし》などが効いた文化に入ると、みんなこうなるのかなと思ったりすることもあるのですが、おそらく、中国の動静と朝鮮半島情勢とが連動しているのだろうと思います。

北朝鮮《きたちょうせん》に対するトランプ大統領の思惑《おもわく》とは

大川隆法　特に、今、トピックスとして言うべきことは、北朝鮮《きたちょうせん》のミサイル発射に対するトランプ氏の態度です。

少し前には、トランプ氏が金正恩氏と会って板門店《はんもんてん》で会談もしている（二〇一九年六月三十日）わけですが、その後、北朝鮮が短距離《たんきょり》ミサイル等を撃っても、トランプ氏は、「アメリカの脅威《きょうい》にはならない。約束違反《いはん》にはなっていない」という感じで、短距離ミサイルは構わないようなことを言っています。これは少々解《げ》せない部分ではあります。

確かに、「アメリカ・ファースト」、アメリカの防衛中心に考えれば、中距離ミサイル以上になると問題が出てきますが、短距離ミサイルであればアメリカまで届かないので、どうでもいいと考えているように見えなくもありません。

ただ、トランプ氏のあの性質から考えると、「短距離はいくら撃ってもいいよ」

と本心から言うとは思えない部分があるのです。

もし、私がトランプ氏の立場であったとしたら、「短距離ミサイルを撃っていても、そんなものは約束違反になっていないから関係ない。脅威ではない」というようなことを言い続ける場合、考えられることは次の二つしかありません。

・油断させておいて金正恩《キムジョンウン》氏に急襲《きゅうしゅう》をかける

大川隆法　一つは、そのように言って油断させておいて、北朝鮮の金正恩《キムジョンウン》氏に急襲《きゅうしゅう》をかける場合です。〝騙《だま》し〟ですね。油断させて、急襲をかける。（ミサイル）実験などを機嫌《きげん》よくやっていて、居場所が特定されているときに、ピンポイント急襲をかける可能性が一つあると思います。そういう場合に、「何でもない」みたいなことを言って油断させる手は一つあるのです。

私が彼の立場だったら、もしかしたらやるかもしれません。アメリカの情報筋《すじ》と話をして、金正恩氏の居場所を特定できたら、例えば、発射実験をするときには必ずいるので、「どのくらいでやれるか。ピンポイントで狙《ねら》えるか。斬首《ざんしゅ》作戦をやれるか」と訊《き》いたら、「何十パーセントの確率でいける」とか、おそらく答えるだろうと思うのです。そのあたりのところで、いちばんいいチャンスを狙っている可能性が、一つにはあります。

・中国の覇権《はけん》主義を倒《たお》す

大川隆法　もう一つの可能性は、対中国の問題です。（アメリカは中国を）関税ですごく揺《ゆ》さぶっています。本当は「北朝鮮を潰《つぶ》してから中国へ」という順序ですけれども、中国自体を関税で揺さぶってみたら、意外にもろいので、「これは、中国そのものの覇権《はけん》主義、一帯一路《いったいいちろ》構想、および経済的な拡張、これらをぶっ壊《こわ》せるのではないか」というように、トランプ氏が見ている可能性はあると思うのです。

中国は意外にもろいので、これをグシャグシャに揺さぶって、経済的に急降下させてしまえば、習近平《しゅうきんぺい》国家主席の政権は、もう安定的ではなくなります。暗殺未遂《みすい》も、すでに何回も起きていますので、政権が潰れるのではないかと見ている可能性があります。

もし、「中国を倒《たお》せる」ということであれば、北朝鮮や韓国などは、アメリカから見れば、そう大きな問題ではなくなります。中国のほうがもう頼《たよ》りにならなくなったら、自動的に、日米、特にアメリカ中心の考えのほうに寄ってくる以外に、（北朝鮮や韓国の）生き筋はないということになりますし、そこに差し込んでくるロシアの勢力を、あちこちで牽制《けんせい》しようとしているような感じにも見えています。

このあたりが、今、見えているところですが、このへんは極秘《ごくひ》でしょうから、なかなか明かされることはないだろうと思います。

対韓《たいかん》外交の国家戦略が立つような道筋《みちすじ》を示したい

大川隆法　そういう渦中《かちゅう》のなかで、文在寅氏が、今どのように考えているのか。過去に語ったことから分析《ぶんせき》して、北朝鮮に対して、日本に対して、アメリカに対して、中国に対して、今どんな考えを持っているのか。その本音を聞き出すことができれば、多少なりとも、日本の針路についての方針を示すことができるかもしれないと思います。

昨日、神奈川《かながわ》県で「第7回アフリカ開発会議」が終わったところですけれども、あれを見てみると、中国の一帯一路に対抗《たいこう》して、アフリカに黒田《くろだ》日銀が積極融資《ゆうし》をしていこうとしています。

〝黒田バズーカの異次元融資編〟という、●黒田氏の守護霊が言っているとおりのことをやって、対抗する姿勢を示しているので、黒田さんや安倍さんは、幸福の科学の意見を十分に読んだ上でやっているのだろうと思います。参考にしていると考えられますので、この対韓国《かんこく》、対北朝鮮についても、道筋《みちすじ》を示してあげれば、いちおう、政府として動いていくべき筋が読めるのではないかと思っています。

幸福実現党だけでは、まだ街宣《がいせん》ぐらいしかできないので、現実に国を動かせる人たちのほうにも、そうした道筋は見せておく必要があるかと思っています。

●**黒田氏の守護霊が……**　『日銀総裁 黒田東彦 守護霊インタビュー』(幸福の科学出版刊)参照。

前置きとしては以上です。「頭がどうにかなったのではないか」とまで言われている文在寅氏ですが、心境が変わっているかどうかを調べて、さらに、国家戦略が立つような情報を何か引き出すことができれば幸いだと思います。よろしくお願いします。

綾織　お願いします。

大川隆法　それでは、韓国大統領・文在寅氏の守護霊よ、韓国大統領・文在寅氏の守護霊よ。どうか幸福の科学に降りたまいて、現在考えておられるところ、あるいは、問題にしておられるところ、これから未来にこういうふうにしたいと思っているところ、こういうことなどを、忌憚《きたん》なく言ってくだされば幸いです。

当会は、何ら偏向《へんこう》することなく、大統領のご意見を世間《せけん》に発表するつもりですので、テレビで率直《そっちょく》に意見が流れているような気持ちで語ってくだされば幸いかと思います。

文在寅氏の守護霊よ、どうぞ、そのご本心を語りたまえ。

（約十秒間の沈黙《ちんもく》）

2　経済における断末魔《だんまつま》

「韓国《かんこく》経済が目茶苦茶《めちゃくちゃ》だから、日本よ謝れ、償《つぐな》え」

文在寅守護霊　うーん……。フウー。

綾織　こんにちは。

文在寅守護霊　うん。チッ（舌打ち）。うーん。

綾織　文在寅大統領の守護霊様でいらっしゃいますでしょうか。

日本統治から独立した記念日である「光復節」の式典に出席し、演説する文在寅大統領（2019年8月15日）。

文在寅守護霊　まあ、呼ばれたから、そうなんだろうよ。

綾織　ありがとうございます。

文在寅守護霊　うん。うーん。

綾織　ご気分は優《すぐ》れない感じですか。

文在寅守護霊　当然、優れないよね。何か、どんよりとした曇《くも》り空。

綾織　どんよりと。

文在寅守護霊　雨がときどき降って、来なくてもいい台風でも来そうな感じの、まあ、そんな気分だな。

綾織　やはり、いちばん曇りをつくっている部分というのは、「日本との関係」ということになりますでしょうか。

文在寅守護霊　うーん。だからさあ、もう、韓国《かんこく》経済は目茶苦茶《めちゃくちゃ》なのよ。

綾織　あっ、それは認識されているわけですね（笑）。

文在寅守護霊　目茶苦茶だよ！　だけど、どうしたらいいか、私のような弁護士上がりに、そんなの分かるわけないじゃないの。

綾織　はい、はい。

文在寅守護霊　経済なんか、まったく分かんない。どうしたらいいか。

綾織　なるほど（笑）。

文在寅守護霊　ただ、大変らしいということだけは分かる。「大変だ、大変だ」ってみんな言っているんだけどさ、何が大変でどうしたらいいかなんて、さっぱり分からんからさ。もうとにかく、日本に「謝れ。謝れ」と言うしか、ほかにないわけよ。

綾織　ああ。そういう文脈になるわけですね。

文在寅守護霊　（日本は）過去に悪いことをしたんだから、とにかく何でもいいから、償《つぐな》いだよ、君。償い。

綾織　「償え」と。

文在寅守護霊　うん。「償いを、とにかく何でもいいから、自分たちで考えてやれ」と。

綾織　うーん。

文在寅守護霊　私は分からないんだから、何をしたら償われるのか。

綾織　韓国の経済の不調と、「日本が償えば何とかなる」というのは、つながらないですよね（笑）。

文在寅守護霊　（日本は）金が余ってるんだろう？　だから……。自国のマネジメントができないので、他国から損害賠償《ばいしょう》を取る発想

綾織　それはそうなんですけれども。やはり、自《みずか》ら経済を立て直すという手が必要……。

文在寅守護霊　「自ら」って、そんな……。「自ら」なんか要《い》らないじゃない。あんたがたが悪いんだからさ。

綾織　いやいや、それは、ちょっとつながらないですよ。やはり、ご自身が大統領選のときから訴《うった》えていた、最低賃金引き上げとか、そういうもので、結局は失業率

が上がり、経済が不調なわけで……。

文在寅守護霊　そんなねえ、難しいこと言うなよ。「私は経済が分からんのだ」って言ってるだろうが。

綾織　なるほど（笑）。

文在寅守護霊　最低賃金を引き上げて、なんで駄目《だめ》になるのか、そんなもん、私に分かるわけないじゃない。最低賃金を上げたら、経済がよくなると思うじゃない。安倍《あべ》さんだって、やっているじゃない、最低賃金の引き上げは。

綾織　はい。まあ、やっていますけどね。

文在寅守護霊　経済がよくなると思ってやっているんだろう?

綾織　はい。

文在寅守護霊　じゃあ、何が悪いんだ。ん?

綾織　零細企業《れいさいきぎょう》にとっては大変ですよね。

文在寅守護霊　零細企業?

綾織　零細企業は、「給料を上げなければ駄目だ」と言われると、大変ですよね。

文在寅守護霊　それが、よく分からん。給料が上がれば、景気がよくなるじゃない？　普通《ふつう》は。

綾織　そういう発想だということは分かりました。

文在寅守護霊　給料を上げてくれれば、消費が活発化して、経済がよくなる。何か間違《まちが》ってるの？　これ。

綾織　あとは、中国の変調ですよね。中国との貿易が厳しい……。

文在寅守護霊　ああ。中国は、ちょっと何かおかしくなってきつつあるようには見えるけどね。

　とにかく、「日本を叩《たた》けば金が出てくる」っていうのは、基本的な法則なんだから。

綾織　うーん。お金が出たとしても、慰安婦《いあんふ》問題のときも十億円ですし、これで韓国の経済が何とかなるというわけでもありません。

文在寅守護霊　いやいや、慰安婦も払《はら》わないといかんけれども、徴用工《ちょうようこう》も払わないといかんし。その他、いろいろ〝迷惑料《めいわくりょう》〟、締《し》めて二十兆円ぐらい、ボーンッと払わないかなあ、韓国に。

綾織　二十兆円ですか!?

文在寅守護霊　そうしたら、何か、グオーッと力が出てさあ、北朝鮮《きたちょうせん》の復興支援《しえん》用の元金《もときん》ができる。

綾織　ということは、弁護士として、そういう、日本に対する賠償請求《ばいしょうせいきゅう》の裁判をやって、お金を取るということをやっているわけですね。

文在寅守護霊　うーん。だから、裁判程度しか、ちょっと頭に浮《う》かばないんで。国家のマネジメントみたいなのは、あんまり分からないんだよ、はっきり言って。

綾織　なるほど。

文在寅守護霊　だから、戦って勝って金を取るぐらいしか……、損害賠償。基本的な考えは。「外交」は分からないんで、「損害賠償を取る」ということしか、発想はないのよ。うん。

綾織　なるほど。本当に、大統領というよりも、〝一弁護士〟としての仕事をされていると。

大統領なのに〝反体制〟？　それで日米に反抗《はんこう》

文在寅守護霊　逮捕《たいほ》されたことのある弁護士は、みんな、もうほんとに根性《こんじょう》が曲がっとるからねえ。あっ、いや、自分で言っちゃいかんけどさあ。

綾織　（笑）

文在寅守護霊　だいたい、〝反体制〟で……。「大統領になって反体制」っていうのは、ちょっとおかしいとは思いつつも。

大統領は体制側だから、反体制はありえないんだが、大統領になっても反体制的な考えを持っている。それで、自分に対して言うわけにはいかんから、日本に対して言っているだけなのであってね。アメリカにだって、最近ちょっと腹が立ってきてはいるよ。

綾織　そうですね。

文在寅守護霊　トランプはケチだからさ、何とか自分らの出す金を減らして、韓国から出させようとしてるじゃない。

綾織　はい。

文在寅守護霊　あいつは、ほんとに、政治家じゃないね。あれは〝商売人〟だよ。

綾織　トランプ大統領は、「効率的な世界の運営」というのを考えているんだと思います。

文在寅守護霊　いや、あれは違うよ。あれは商人だよ。

綾織　まあ、そういうところもあります。

文在寅守護霊　ビジネスマンだよ、ただの。ほんと、損得でしか物事を考えていない。損得だけだよ。

だから、「日本を護《まも》る」だの、「韓国を護る」だの、本気じゃないんだよ。「代金を払え」って言ってるんだよ、要するにさ。

綾織　「どこに力を集中するか」ということを考えているんだと思いますけどね。

文在寅守護霊　でも、そういう人はいかんよな、ほんとな。

こちらは、遊覧船で観光をしているわけじゃないんだから、そういう「代金を持て」と言われてもさ。アメリカが世界覇権《はけん》主義を持っているから、そういうことが起きているんだから、金が欲《ほ》しけりゃあ、やめたらいいわけであって。そんなの、自分らが世界支配をしたくてやっとるんだからさ。

綾織　アメリカとしては、ある程度、同盟国にお金を出してもらって、対中国とか、そこに集中したいという気持ちがあるんだと思います。

文在寅守護霊　うーん。まあ、分からんがな。軍事費が日本の一般歳入《いっぱんさいにゅう》ぐらいあるんだろうからさ、アメリカは。だから、ビジネスマンとして見たら、ここを安くするのがいちばん楽になると思っておるんだろうけどさ。

●軍事費が……　アメリカの国防費は、2019 年度は 7160 億ドル（約 79 兆円）。日本の 2019 年度の一般会計歳入は、101 兆 4571 億円。

3　安全保障における断末魔《だんまつま》

GSOMIA《ジーソミア》破棄《はき》の理由を探《さぐ》る

綾織　今、「米韓同盟」のところにも、非常に傷がつこうとしているわけですけれども。

文在寅守護霊　うん。

綾織　先般《せんぱん》、文在寅大統領は、日韓《にっかん》軍事情報包括《ほうかつ》保護協定（GSOMIA《ジーソミア》）の破棄《はき》を通告しました。これは、日韓の関係ですけれども、やはり、日米韓の連携《れんけい》が大事ですので、ここにヒビが入っている状態は……。

●（GSOMIA）の破棄……　2016年11月締結の日韓軍事情報包括保護協定（GSOMIA）は、直接の同盟関係にない日韓にとって、朝鮮半島有事での日米韓の連携を緊密にするための軍事情報を共有する役割を担《にな》ってきたが、2019年8月22日、韓国は日米への事前通告なしに同協定の破棄を決定した。

文在寅守護霊　なんで連携しないといかんのか、私はさっぱり分からん。

綾織　そうですか。

文在寅守護霊　なんで連携しなきゃいかんの？

綾織　対北朝鮮《きたちょうせん》とか……。

文在寅守護霊　勝手に、アメリカは朝鮮戦争にやってきてねえ、私らの家族も、北朝鮮から逃《に》げてきた難民だからさ。

綾織　そうですね。

●私らの家族も……　現在の北朝鮮地域に住んでいた文在寅氏の両親は、朝鮮戦争中の1950年12月に、アメリカの貨物船に乗って韓国へ避難してきた。

文在寅守護霊　だから、勝手に朝鮮半島を分断したんだからさ、「分断した費用を出せ」っていうんだよな、賠償金《ばいしょうきん》を。

綾織　分断というのは、金日成《キムイルソン》の行動とか、そういうところに起因していると思います。

文在寅守護霊　金日成は、金を持っていないから払《はら》えるわけないじゃない。払えるのはアメリカだろう？

綾織　はい、はい。

文在寅守護霊　〝国土を荒《あ》らした罪〟により。

（朝鮮戦争で）爆弾《ばくだん》をいっぱい落として殺しまくった。もう百万単位の人が死んでるんだからさ。日本どころじゃないんだよ、死んでるのは。

綾織　日米韓で連携する意味はないと？

文在寅守護霊　なんで連携しなきゃいかんのか、さっぱり分からん。

綾織　必要はないと？

文在寅守護霊　だからね、今、私は、「太陽政策」で北朝鮮と一体化しようとしているわけだから。私の目には、ほんとね、南北はもう一体化して見えているので。

綾織　なるほど。

文在寅守護霊　ええ。やっぱり、南北を一体化すりゃあ、日本より強国になることはだいたい見えてるんだ。うん。

綾織　それは、地上の文在寅大統領も八月十五日の演説のときに言われていました。

文在寅守護霊　ああ。通常兵力で見て、日本の自衛隊よりは韓国のほうが強いんだから、たぶん。ちょっとだけ強い、間違《まちが》いなく。それに、北のこの水爆、原爆まで加わったら、もはや無敵だよ。なあ？

だから、アメリカは、どうぞ、自国ファーストにしたらいいよ。自分の国の雇用《こよう》ばっかり考えとったらいいのよ。そうしたら、日本を〝召《め》し使い〟にすりゃいいいんだから。

●八月十五日の演説……　2019年8月15日、文在寅大統領は、日本の“植民地支配”からの解放を記念する「光復節」の式典で演説をし、「南北融和」を進めるなかで、日本を乗り越え、克服する姿勢を示していた。

世界から相手にされない「南北統一の工程表」

綾織　このときの演説で、南北統一の工程表を発表されました。

これは、世界からまったく相手にされていないので、ちょっと残念ではありますけれども、「二〇三二年には五輪の南北共催《きょうさい》をし、二〇四五年に南北統一を果たす」ということでした。

文在寅守護霊　二〇三二年は私が大統領をしてないだろうから、もうちょっと早くないといけないね。

綾織　あっ、もっと早くですか。なるほど。

文在寅守護霊　まあ、五輪なんかはどうでもいいんだよ。だから、南北統一だろうね、要するに。

綾織　このときの演説では、南北統一は二〇四五年になっています。

文在寅守護霊　いや、それはちょっと無理だわ。それはねえ、〝先延ばし〟して、現状を長く続くように言っているだけで。そんなに遅《おそ》いとまずいでしょう。

綾織　まずい？

文在寅守護霊　だから、北の核《かく》を私が握《にぎ》ったら、それは、もうそこで終わりだから。うん。

綾織　なるほど。北の核を握るわけですね？

文在寅守護霊　うん。

綾織　それは、どういうかたちになるんでしょうか。

文在寅守護霊　だから、まあ、「経済力で買収する」っていうことだよね。

綾織　なるほど。

「北は核《かく》をなくすわけがない。それは援助《えんじょ》を引き出すための口実」

市川　しかし、今、北朝鮮のほうは、トランプ大統領と協議して、核《かく》をなくす方向でやっています。

文在寅守護霊　そんなの、嘘《うそ》をついてるに決まってるじゃん。なくすわけないじゃん、そんなの。それ、援助《えんじょ》を引き出すための口実だよ。決まってるじゃん。なくすわけないんだよ（笑）。つくったものを誰《だれ》がなくすかね。そんなもん、〝丸裸《まるはだか》〟にしたら、あと、攻《せ》め落とされるじゃん。

それは、日本の、あの大坂城《おおさかじょう》の外堀《そとぼり》・内堀を埋《う》められて天守閣《てんしゅかく》だけになったら、攻め落とされたのと同じじゃん、そんなの。いやあ、核兵器を「廃絶《はいぜつ》」して、（ミサイルの）長距離《ちょうきょり》・中距離？　そして、短距離、攻め落とされたら、次はもう「降《こう》伏《ふく》」だよな？　そんなの分かってるよ。

だから、それは援助を引き出すための交渉《こうしょう》なの、ただの。それをやって、まあ……。

あのね、朝鮮人っていうのは、発想はね、そうなんだよ。

市川　前回、「朝鮮民族は嘘をつく民族だ」とおっしゃっていたのですけれども。

文在寅守護霊　嘘はつかないよ。それが真実なんだよ。うん。だから、「自分の利益になることを常に考える」という〝真実〟を求めている民族であるということが真実なんだ。

市川　「正義」というのは、どのようにお考えなんでしょうか。

文在寅守護霊　「正義」っていうのは朝鮮半島にだけあって、それ以外はみんな「悪の集団」なんだよ。うん。

市川　では、トランプ大統領は騙《だま》されているという状況《じょうきょう》なんでしょうか。

文在寅守護霊　あっ、トランプはね、ちょっと、君たちの教えから見ても間違ってるんじゃないかな。

だからね、その、何て言うかね、エゴは捨てなきゃいけないよね、やっぱりね。いやあ、やっぱり天下万民《ばんみん》のためにね、お金を投げ出し、私財を投げ打って救おうという気持ちがなきゃ。

トランプ・タワーを売って、全財産をパーンッと朝鮮半島に寄付する。「君たちはそれで平和の塔《とう》でもつくりなさい。トランプ・タワーを代わりに建てなさい。板《はん》門店《もんてん》なんて、あんなみすぼらしいもので、いつまでもやっちゃいけないんだ。あそこにトランプ寄付タワーを建てて、共に仲良く話し合いなさい」と、まあ、これが宗教的態度だろう。

綾織　先ほど、「北朝鮮の核を経済力で買収する」とおっしゃっていましたけれども、その経済力のところがガタガタになっているという認識は持たれているわけですね？

文在寅守護霊　だから、それは、日本からいちばん取る。取りやすいところから取る。

綾織　そのパターンになるわけですか。

文在寅守護霊　はい。だけど、今さ、アメリカも日本から取ろうとしてるからさ、そこはちょっと問題……。

綾織　まあ、そういうところはありますよね。

文在寅守護霊　うーん。

4　日本への悪口雑言《あっこうぞうごん》、言いたい放題

「日本民族はもっと徹底的《てってい》に滅《ほろ》びるべき」

綾織　ただ、このまま日本と対決し続けた場合は、本当に理屈《りくつ》の上で突《つ》き詰《つ》めていくならば、「日韓請求権協定《にっかんせいきゅう》もなしにしましょう」というレベルまで行ってしまいます。

文在寅守護霊　いや……、そんな〝小さい話〟はもう、どうでもいいんだよ。日本は一千百兆円以上の国家の赤字があるんだろうから、安倍《あべ》さん、ついでにもっといっぱい赤字をつくって、ボーンッと北朝鮮《きたちょうせん》と韓国に〝お詫《わ》び料〟を払《はら》って、もういっそ、そこで国が〝倒産《とうさん》〟してしまえば、日本なんか、もう〝焼け野原〟と

●日韓請求権協定　1965年、日本と韓国の間で結ばれた協定。日本が韓国に無償3億ドル、有償2億ドルの経済支援を行うことで、両国及び国民の間での請求権を完全かつ最終的に解決したとする。日韓国交正常化に伴《ともな》って締結された。

一緒《いっしょ》じゃない？　もう一回。なあ？　もっと徹底《てってい》的にこの民族は滅《ほろ》びるべきなんだよ、うん。

綾織　なるほど。そのあたりは、前回、前々回にも出ていますので、だいたい理解しているつもりではあるんですけれども、結局はそのくらいしか手がないということを表していますね。

文在寅守護霊　だからね、少なくとも、神がフェアな目で見ているとすりゃあね、三十五年ぐらいは統一朝鮮による日本支配は許されてもいいはずだ。

「三十五年、日本が朝鮮半島に支配されて、君らの娘《むすめ》たちまで従軍慰安婦《じゅうぐんいあんふ》にされるんだったら、君らは幾《いく》ら金を出すんだ？」という。それを「勘弁《かんべん》してくれ」とお願いするのだったら、幾らぐらいまで金を出す？

やっぱり、一千百兆円の国家財政赤字でも、まあ、あと五百兆円ぐらいは出すだ

●前回、前々回にも……　『文在寅 韓国新大統領守護霊インタビュー』『文在寅守護霊 vs. 金正恩守護霊』（前掲）参照。

ろう? やっぱり。

綾織　本当にそういう被害《ひがい》があれば、ですけれどもね。残念ながら、朝鮮の方々には、そういう従軍慰安婦の強制連行も奴隷《どれい》的な扱《あつか》いもありませんでしたので。

文在寅守護霊　いやあ、それは、「ある」と言ったら、あるんだよ。うん。

綾織　まあ、その嘘《うそ》が正義だということであれば、そうだと思います。

文在寅守護霊　「ない」と言やあないが、「ある」と言やあ、あるんだよ。
「全部日本人が悪い。いちばん悪いのは安倍《あべ》」

綾織　前回、前々回のときに、神様の話というのはあまり出ていなかったように思うんですが、先ほど、「神の公平性」という話をされました。

文在寅守護霊　いや、いやあ、まあ、それは、お金を取るための手段なら何でも……。

綾織　ああ。神様も手段ですか。

文在寅守護霊　ああ、まあ、そう。

綾織　そういう考え方なんですね？

文在寅守護霊　うーん。大川隆法さんが、何か嫌《いや》なことを言ってるじゃない？　最近、「韓国にも北朝鮮にも神はいない」とか言ってるみたいだから。

綾織　そうですね。

文在寅守護霊　それは許せないので。私が神なんだから。〝生ける神〟なんだよ。うん。

綾織　なるほど。朝鮮半島の神様ですか。

文在寅守護霊　元首なんだからさ。

綾織　まあ、元首ですよね。

文在寅守護霊　だから、あっちも、金正恩《キムジョンウン》も元首だから、もう、神が〝ツートップ〟なのよ。

綾織　あっ、ツートップで……（苦笑）。では、二人仲良くやるということですか。二人の神様で。

文在寅守護霊　いや、仲良くないけども、まあ、神は二人いるから、今。

綾織　なるほど。この二人の〝神〟で朝鮮半島を治めていくわけですか。

文在寅守護霊　私らが考えたことが、世界の常識なんだ。だから、日本はお詫びが足りん。歴史的認識においてお詫びが足りんっていうのを受け入れて、もう「謝れ」と。

綾織　はい、はい。

文在寅守護霊　安倍《あべ》はいかんな。あいつはファシストだ、ほんとに。

藤井　文大統領の思惑《おもわく》や構想も、もちろんあると思うのですけれども、「統一国家のリーダーになりたい」というのは、こういう本でも何度も語られています。ただ、最近、日本の状況《じょうきょう》を見たら、新聞でもテレビでも、誰《だれ》が見ても、日本人はみな、「韓国は、ちょっとまずいんじゃないか」と。要するに、やればやるほど、今、おそらく、韓国・文大統領には不利な状況になっているというのが客観情勢ではないかと思うのですが。

文在寅守護霊　それはねえ、全部、日本が悪いんだよ。日本人が。いや、いちばん悪いのは安倍だよ。な?　安倍がねえ、もういつまでもやっとるっていうことはね、日本には人材が完全に枯渇《こかつ》しているということを意味しているわけだからさあ。「わしが大統領 兼《けん》 日本の首相」を兼《か》ねてやってもいいぐらいだよ、ほんとに。

「アフリカに援助《えんじょ》しても、その金は中国に〝横取り〟されるだけ」

藤井　最初に経済の話もされましたけれども、最近、「韓国経済は、このままだと、もう危ないんじゃないか」という説が非常に……。

文在寅守護霊　そんなの憶測《おくそく》で言っちゃあいけないよ。だから、日本から金を奪《うば》えば、別に何も危なくないんであって。

藤井　まあ、もらえればいいですけれども……。

文在寅守護霊　アフリカなんかに金を出してどうすんだよ?　アフリカなんかに金を出したってさ、もう中国が融資《ゆうし》したのが焦《こ》げついたら、中国は日本からのローンを横取りするに決まってんじゃん、そんなの。日本から（アフリカに）貸した金、それをこっちの中国にも債権《さいけん》のほうで取り立てると言って〝横取り〟されるだけのことで。

あんなバカなことを、なんで安倍はするんだよ。あんなことをするぐらいなら、朝鮮半島にちゃんと金を出すべきだし。そんなの、アフリカの米の一年間の収穫量《しゅうかくりょう》を倍増するなんて、あんなところで倍増計画つくるなよ。

そんなの言うなら、身近な国なんだから、北朝鮮の食糧《しょくりょう》をどうやって増やすか、それをちゃんと言えよ。どうやったら北朝鮮の食糧が二倍になるのか。な?　それは日本の責務だろうが、うん。

藤井　この戦後の日韓関係をずっと見ても、韓国が大変なときには、日本は、ときどき助けたりしてきていると思います。

文在寅守護霊　米《こめ》な？　ときどき送ったりな？

藤井　はい。

文在寅守護霊　古いやつをな？

藤井　しかし、今の状況は、「これはしばらく助けないほうがいいんじゃないか」というような意見が強くなっています。安倍さんも。

文在寅守護霊　超生意気《ちょうなまいき》なのよ。「戦略的無視」なんて、日本が使うというのはね、まあ、「千年早い」という感じかな。千年ぐらい早いわ。

幸福実現党も「戦略的無視」で困ってるんだろう？　君らは、それは、やっぱり反論しなきゃいかんよ。「そういうことはしてはいけない」という……。

綾織　まあ、困っているわけではないですけれどもね。

文在寅守護霊　うん？　戦略的に無視されてるんじゃないの？　君らは。

綾織　ああ、こちらの話ですか。

文在寅守護霊　うん、そうそうそう。嫌だろう？　自分が嫌なことは人にも押《お》しつけちゃいけないんだよ。

綾織　私たちは地道にやっていきますけれども。

やっぱり、「韓国にはもう困り果てている」というのが現状ですので……。

文在寅守護霊　困り果ててる？　いや、まあ、客観的には、それは……。

藤井　韓国には、勝算もないんじゃないかというように見えます。

操作された世論《よろん》調査でも不支持率が上がってしまう異常事態

文在寅守護霊　いや、こういうところを、なんで焼き討《う》ちしねえんだろうかな。こんな雑誌、「WiLL《ウィル》」だの、「正論」だの。何が「正論」だよね？　愚論《ぐろん》だよ、これは。なあ？

「病根は文在寅」？　何よ。「『反日』の本質を暴《あば》く」。何というひどい雑誌だ、ほんとに。「さようなら、韓国！」。何を言うんだ？　「さようなら、日本！」だよ、なあ？　「ついに手を切る時がきた――」。何が手を切ってるのよ。何にもよこさんくせに、何が手を切るんだ。いい加減にしろっていうのよ。

市川　国際社会は、別段、韓国をいじめようと思ってはいませんので。

文在寅守護霊　いじめてるよ。存在自体がいじめてんだよお。

市川　（苦笑）

文在寅守護霊　G7《ジーセブン》にも入れてくれない。なあ？　当然入るべきなんだ。統一朝鮮はG7、G8《ジーエイト》にも入るべきだな？　うん。イタリアやカナダなんて要《い》らないよね。やめたらいいんだよ、あんなの。

綾織　もしかしたら、そうかもしれないですけれどもね。

●G7、G8　G７とは、日本、アメリカ、イギリス、フランス、ドイツ、イタリア、カナダの７つの先進国のこと。1998年にロシアが加わりG８となったが、ウクライナ情勢を受けて資格停止となり、2014年以降はG７となっている。

市川　自助努力せずに、他人《ひと》からもらったりとか、環境《かんきょう》とか他人のせいにしているかぎりは、なかなか、幸福や経済発展はしないと思うんですけれども。

文在寅守護霊　「自助努力」ってさ、それはねえ、正しい人間が自助努力するのは、まあ、いいよ。

〝悪魔《あくま》の自助努力〟はやめたほうがいいよ。君らは〝悪魔の自助努力〟をするからさ。悪魔が力を増してどうするんだよ。君らは永遠に監禁《かんきん》されなきゃいけないんだよ。搾《しぼ》り取られなきゃいけないんだよ。うん、自助努力なんかない。

綾織　その「悪魔」ということで言うと、心境もかなり悪い印象を受けます。

文在寅守護霊　心境って、韓国人に訊《き》いてみれば、九十パーセントは「日本人は悪魔だ」と思ってるから。うん。今、悪魔に支配されてんだよ。

綾織　九十パーセントまでは行かないと思いますけれどもね。ある程度、親日的な方々はたくさんいらっしゃると思います。

文在寅守護霊　（日本は）〝悪魔の自民党〟に支配されてんだよ。だから、原爆《げんばく》を二発しか落とさなかったのは間違《まちが》ってんの。

綾織　いやいや。

文在寅守護霊　全部の都市に落とすべきだったのよ。なんで、ああいうのを皇居の上に落とさなかったんだろうなあ、原爆を。そしたら、皇室もなくなって、すっきりしてたのに。ねえ？

綾織　現時点でも、韓国国民で世論《よろん》調査をやると、文大統領の支持率よりも不支持のほうが上回《うわまわ》っていて、すでに五十パーセントぐらい不支持……。

文在寅守護霊　あれはＣＩＡが情報操作してるんじゃないか。

綾織　あっ、いえいえ。韓国の世論調査は、韓国政府がかなり一生懸命《いっしょうけんめい》に操作をやって、無理無理つくり出しても、不支持のほうが多くなってしまっているということです。

文在寅守護霊　でも、まあ、「支持が四十四パーセント、不支持が四十九パーセント」って言うけど、安倍さんなんか、こんなの普通《ふつう》じゃないの？　ねえ？

綾織　韓国の場合は、これは、ちょっと、だんだん異常値に入ってきています。

文在寅守護霊　いやあ、日本の首相なんか、二十パーぐらいなんていうのは普通じゃない？　支持率、ねえ？

綾織　もう国民的にも、「文在寅大統領は辞《や》めたほうがいい」という声が強まっています。

文在寅守護霊　だから、今は、何とか成果をあげなきゃいけないんじゃないですか。安倍の「戦略的無視」って、ほんとに、あいつ、いつまで生きるつもりなんだ？　前回、死んどりゃよかったのよ、ほんとに。復活しおって。

綾織　韓国に対しては、ある程度、取るべき手を取っていると思いますけれどもね。

文在寅守護霊　やっぱり、安倍が復活するより、鳩山《はとやま》が復活したほうがいいんじゃないかあ？　（「Ｗ・ｉＬＬ」10月号別冊の口絵写真を見ながら）手をついて謝ってくれるんだから。それはいいじゃないか。韓国の気持ちはこれだからな。うん。国会の議長、怒《おこ》っとるだろう？　なあ？　これは漫才師《まんざいし》じゃないぞ。このくらい怒ってるんだからさ。うん。

南北統一で核《かく》保有国になると、米は「お手上げ」、日本は「身代金《みのしろきん》」

藤井　もう一つ言われているのは、やはり、選挙対策目当てで、支持率を上げたいので、とにかく、日本に対して無理難題を掲《かか》げているということです。客観的には経済的に不利になるのに、やっているということなのでしょうか。

文在寅守護霊　いやあ、でも、日本は、韓国からの観光客が激減して、いろんな都市で困ってるんじゃないの？　というふうに聞くけどねえ。

綾織　うーん……。

文在寅守護霊　〝大韓国〟から、本当に客が来なくなったら、もう、日本のデパートは震《ふる》え上がってるだろう。

市川　日本からの便がなくなったり、日本から韓国への観光客が減ったりして、おそらく、そちらのほうが打撃《だげき》は受けているかと思います。

文在寅守護霊　日本人はケチだから、あんまり買わないからさ。キムチと朝鮮人参《にんじん》ぐらいしか買わねえから。まあ、駄目《だめ》だね。
私たちは、たっぷり日本製品を買ってたからね。うーん。

市川　最近、文在寅大統領の側近の娘さんの「裏口入学」の件で、スキャンダルで支持率が落ちたら、そこでにわかに反日を起こせば、また支持率が上がるのではないかというかたちで、何だか、ご自身の支持率を上げるために反日を利用しているようにしか見えないのですけれども。

文在寅守護霊　ああいう〝細《こま》かいこと〟を言うのは、日本のマスコミみたいで、何か嫌だね。ちょっと〝汚染《おせん》〟されてるね。ああいうことはしちゃいけないんだ。小さいことは。

綾織　だんだんに、今、「反日で突っ走っても国民がついてこなくなる」という局面に立ってきているんですよね。これは、このまま行っていいのでしょうか。

文在寅守護霊　うーん……。でも、「太陽政策」で北朝鮮と民族融合を図《はか》って、核《かく》兵器を備えた民主主義国家が出来上がって、日本への脅威《きょうい》となって、アメリカは〝お手上げ状態〟になって……。じゃあ、日本は身代金《みのしろきん》を払うしかないわね。

綾織　そこについても行き止まりが見えてきています。先ほど、冒頭《ぼうとう》に大川総裁からありましたけれども、「斬首作戦《ざんしゅ》」をやるのではないかというパターンと、あとは、「中国を先に倒《たお》してしまって、北朝鮮も一緒に倒れるであろう」という、その流れですよね。

ですので、文在寅大統領の守護霊さんがイメージされているものというのは、まったくの行き止まりで、これは、もう、何をやっても難しいわけです。

文在寅守護霊　うーん……。だから、ちょっと、私も、「裁判で勝つ」みたいな発想しかあんまりないから、よくは分かんないんだけどさ。

日本が生意気にさあ、韓国への輸出品の、軍事物資に転用されるやつのあれを、何かねえ？　「ホワイト国から外す」とか、超生意気なことを言ったからさ、原爆でも落としてやりたいぐらいの怒《いか》りなのよ、こっちは、ほんとね。

綾織　なるほど。

文在寅守護霊　北朝鮮に撃《う》ち込《こ》んでほしいぐらいだ。

綾織　ああ、そういう状態なんですね（苦笑）。

文在寅守護霊　うん、うーん。

綾織　結局、「北と一体になる」という路線が、どこにもまったく相手にされず、孤立《こりつ》し、日本を叩《たた》いても何も出てこず、八方塞《ふさ》がりです。どうしますか。

文在寅守護霊　それでも、北は、やっぱり、今、自信を持ってるよ。水爆まで開発したから。もう、国連の常任理事国しか持ってない水爆まで開発したから、もはや、アメリカも手が出せない状態だと。

綾織　その北朝鮮から、文大統領は相手にされていない状態ですよね。「もう、韓国とは話をしない」と。

文在寅守護霊　うーん、そういう見方は、非常に皮相《ひそう》な見方だな。

綾織　いえいえ。

文在寅守護霊　いやあ、それは、向こうはね、「自分らが韓国を併合《へいごう》しよう」と思っとるから、そういうことを言うんだろうと思うわな。

綾織　はい。そうですね。

文在寅守護霊　しかしだよ、少なくとも、韓国に何万人かはアメリカ人がいますからね、軍隊も含《ふく》めてね。だから、米軍基地に水爆を落とされたりしたら、アメリカだってひどい被害でしょう。

綾織　アメリカ、トランプ大統領は特にそうですけれども、「在韓米軍は必要ない」という考え方ですので、いざとなったら……。

文在寅守護霊　それは、沖縄《おきなわ》がもっと暴れるでしょう。そんなことをしたら、沖縄は、すごくなるでしょう。

綾織　もう本当に、今、韓国は、残念ながら、どこの国からも相手にされていないという状態です。

文在寅守護霊　いや、それが、理解がいかないのよ。こういうね、〝宇宙の正義〟を体現してる私の考え方でねえ。

綾織　宇宙の正義？

文在寅守護霊　ああ、「世界がついてこられないでいる」っていう。まあ、頭脳が無理なんだろうなあとは思うけどさ。日本のマンガ文化では、ちょっと無理なんだと思うんだが。

とにかく、安倍はなんで謝らないんだ、すぐに、ほんとに。謝りゃいいんだよ。ああ？

綾織　まったく筋《すじ》が通らないからですよね。

文在寅守護霊　ええ？

綾織　残念ながら、「謝る理由がまったくない」ということだと思います。

弁護士の立場から、日本に憲法遵守《じゅんしゅ》を訴《うった》える

文在寅守護霊　いやあ、やっぱり、弁護士である私《わたくし》から見てね、安倍氏の「憲法改正」なんていうのは、まったく法律を理解してない人間だという感じがするね、ほんとね。

綾織　そうですか。

文在寅守護霊　うん、まったく、もう意味をなさない感じがするね。あれは素人《しろうと》だ、完全にね。

綾織　ほお。

文在寅守護霊　やっぱり、憲法を遵守《じゅんしゅ》してね。日本国憲法は、もう、「日本を丸裸《まるはだか》にする」ということを決めてるんだから。これは国是《こくぜ》なんだから。「外国から攻められたら、そのときに滅びる」ということを、あのときに運命づけられて、決意《せ》したんだよ！

外国から攻められるようなことをしたら、日本は滅びると。だから、「攻められるようなことをしない」と。「外国すべてから、日本をあたたかく支援《しえん》してくれるような状態を保とう」っていうのが、日本国憲法の出発点なんだ。

韓国からは、これだけ、「おまえたちはいろいろ請求される義務があるんだ」と言われてるんだからさ。日本国憲法の趣旨《しゅし》から見たら、やっぱり、紛争《ふんそう》を解決する手段としての軍事力は、使わないことになってるわけだからね。だから、もう、金を払うしかないんだよ。方法は、あとは何もないんだよ。

5　各国との今後の外交関係の方針

「対馬《つしま》・佐渡島《さどがしま》を取っても自衛隊は『遺憾《いかん》』と言うだけ」

綾織　ちょっと、議論が煮詰《につ》まってしまって、繰《く》り返しになっているので。

文在寅守護霊　ああ、そうだな、そうだな。

綾織　少し霊的《れいてき》な話にもなるのですけれども、守護霊さんは、以前にも確認をさせていただきましたが、ムッソリーニ・イタリア元首相でよろしいんですよね。

文在寅守護霊　だから、もうねえ、知能の低い日本人に、そんな偉大《いだい》な名前を出し

●以前にも確認を……　『文在寅 韓国新大統領守護霊インタビュー』（前掲）参照。

たって、今は、もう、理解されないんだよ。

綾織　そうかもしれません。

文在寅守護霊　「スパゲッティの好きな人ですか？」とか、「ピザは食べますか？」とか、そういうふうに言ってたら、日本のバカ女子たちも理解できる。

綾織　なるほど。分かりました。「そういう偉大な方だ」ということは理解しました。

文在寅守護霊　うん。ヒットラーの師だったんだから。

綾織　師ですか。

文在寅守護霊　うーん。そりゃあ、そうだ。

綾織　まあ、そう言えるのかもしれませんが。

文在寅守護霊　私のやり方を学んで、ドイツは強国になったんだ。

綾織　なるほど。

文在寅守護霊　勉強しに来たぐらいだから。

綾織　結局のところ、「どういう末路を辿《たど》ったかという部分で、（文在寅氏とムッソリーニは）非常に似てしまっているな」と。もうどうしようもないと。

文在寅守護霊　いや、まだまだ、「末路」って言うほど終わってないよ。

綾織　終わってはいないのですけれども……。

文在寅守護霊　これから「安倍《あべ》の首をどうやって絞《し》め上げるか」っていうことを考えてるだけなんで。

綾織　まあ、絞め上げる手もなくなってきていまして、あとは、もう、国民から不支持が突《つ》きつけられる。

文在寅守護霊　いやあ、やっぱり、韓国人《かんこくじん》が来なくなった旅館の悲鳴とか、いろんな観光地の悲鳴がどんどん入ってきて、今、自民党の支持票が落ちてるわけだからね。

綾織　（日本の）国民は、やはり、日本の韓国に対する処置というのは、それなりに支持していますよ。

文在寅守護霊　いや、私、だから、竹島《たけしま》だけじゃ日本人はどうも反応が鈍《にぶ》いから、やっぱり、次は対馬《つしま》ぐらい取ってやろうかなと、今、思ってるんだよ。あのあたりを占領《せんりょう》したら、一気に支持率が九十パーぐらいまで上がるんじゃないかなあ。

綾織　それは、もう、全面戦争ですね。

文在寅守護霊　全面戦争になりだしたら、君たちは戦えないんだから、憲法により。

綾織　いえいえいえいえ。領土を侵犯《しんぱん》されているのであれば、戦えます。

文在寅守護霊　憲法により戦えないんで。で、アメリカは、日韓問題には口を出したくないんだ。ね？

綾織　それは、アメリカが入ってくるとは限らないとは思いますけどね。

文在寅守護霊　うん。だから、「日本は、もう取られるのみ」なんだ。取れるのは、やっぱり、対馬、佐渡島《さどがしま》、このあたりを二つぐらい取ってやったら、ちょっとは肝《きも》が冷えるんじゃないか。

綾織　まあ、そうかもしれません。日本人にとっても、それくらいの刺激《しげき》が必要なのかもしれないですね。

文在寅守護霊　日本の自衛隊なんてさ、もう、「遺憾《いかん》です」とぐらいしか言わんからさ。「取られて遺憾です」って言うだけだろ。

韓国《かんこく》の防衛費は、日本の防衛費をまもなく超《こ》えるという現実

綾織　●韓国《かんこく》の軍隊は、今、防衛費を取ってみると、日本をちょうど超《こ》えるところですよね。

文在寅守護霊　そう。だから、経済的には小さいのに、防衛費が日本を超えるということは、今、どれほど軍事的に力を入れているかがよく分かるだろう。

綾織　また、韓国は、本来必要ではない空母をつくるということも言われています。

文在寅守護霊　だからねえ、今は、日本海を「東海《とうかい》」、東の海にしようとしてる。次は「韓国海」に変えようとしているので。

●韓国の軍隊は……　近年、韓国の国防費は日本を大幅に上回るペースで拡大し続けており、数年後には日本を追い越す可能性があるとも言われている。

綾織　「韓国海」？　なるほど。

文在寅守護霊　ええ、一方的にね。「韓国海」にしようとしてるんで。だから、島をね、対馬と佐渡島ぐらい取りゃあ、もう「韓国海」よ。「朝鮮海《ちょうせんかい》」でもいいけど。

藤井　対日本で考えられているということですけれども、実際に、今は、七月、八月と、北朝鮮から短距離《たんきょり》ミサイルがバンバン撃《う》たれています。あれは全然気にならないのですか。

文在寅守護霊　あれは日本に飛んでいくんだから。日本に飛んでいくんだよ。

藤井　韓国は射程圏《けん》内に入っています。

●七月、八月と、北朝鮮から短距離ミサイル……　北朝鮮は2019年7月末から8月末までの約1カ月間、日本海へ向けて短距離弾道ミサイルを7度にわたり2発ずつ発射。特に、韓国が日韓軍事情報包括保護協定（GSOMIA）の破棄を通告した翌日24日の発射は韓国を標的にした軍事的威嚇と見られる。

文在寅守護霊　同胞《どうほう》に撃つわけないじゃない。日本に飛んでいくんだ。日本に撃ったら、韓国からの経済援助《えんじょ》が来るんじゃないかと思ってる。

綾織　でも、これは短距離ミサイルなので、メインは韓国なんですよね。もちろん、日本も入っているのですけれども、基本的に、短距離は韓国向けです。

文在寅守護霊　いや、でも、アメリカの大統領は、「米韓合同（軍事）演習なんてお金がもったいないから、もう俺《おれ》だってしたくないんだ」って言ってるじゃない。だから、もう終わるよ。ね？　アメリカは、もう撤退《てったい》していくんだよ。すぐね。

藤井　やはり、「在韓米軍を撤退させる」というのは、明確な意志として持っておられるのですか。

文在寅守護霊　いやあ、私らは、イージス・アショアみたいなのにも反対だし、本当は在韓米軍も反対なんで。それから、沖縄《おきなわ》の米軍も反対です。基本的にはね。基本的にはそうなんで。要《い》らないと思ってるんだよ。

「（アメリカは）侵略者」だと思ってるよ、基本的にね。彼らは地球の裏側まで来て侵略してるんで。アジアに来て、悪さをいっぱいしてるんだから、「もういいだろ」と思ってるんだよ。

「アジアはアジアで、話し合いにより、強いほうがゆすりたかりをする」ということでいいんだよ。

「中国には相手にされていないが、コバンザメ兵法で」

綾織　最近は、（文在寅大統領は）中国にも相手にされていないところはありまして。

文在寅守護霊　中国は、だから、アメリカが関税をかけて揺《ゆ》さぶってるからさあ。日本との貿易のほうをつながないと、〝両方から攻《せ》められる〟ときついから、ちょっと日本に優《やさ》しくなっとんだよな。軟弱《なんじゃく》にもな。ちょっと優しくなってる。日本との取引を残さないと、米・日と両方来たら、貿易の最大国二つを失うことになるからな。

綾織　はい。

文在寅守護霊　でも、安倍は腹黒いから、本当はそんなこと考えちゃいないんで。中国が弱れば、「弱り目に祟《たた》り目」をやる気でいるからな。だから、安倍なんか信用しちゃ駄目《だめ》だよ、中国はな。

綾織　「中国から相手にされていないのだけれども、結局は、中国との貿易に頼《たよ》ってやっていくしかない」という構造が、韓国経済にはあって、これも、もう、行き詰まりですよね。中国経済そのものがマイナス成長になっている状態ですし。

これは、本当に、どこに向かっても、文在寅大統領のもとでは韓国の未来はないわけです。

文在寅守護霊　いやあ、やっぱり、韓国には偉大な財閥《ざいばつ》があるからね。偉大な財閥を、安倍とかは憎《にく》んでるんじゃないかと思うんだよな。日本は財閥を解体されて、弱くなってしまったからね。「巨大《きょだい》財閥が君臨している」っていうのが、国を強くすることになるからね。

中国は、確かに、やや失速気味ではあるけれども、うーん……。いやあ、でも、アフリカ、ヨーロッパまで手を伸《の》ばしてるんだからさ、もう、戦って勝つしかないだろうな。

綾織　そこにくっついていくしかない、と。

文在寅守護霊　「コバンザメ兵法」で行くしかないわな。

綾織　コバンザメですか。なるほど。これも、厳しい未来が予測できますね。

人権派弁護士の心のなかの人権感覚とは

藤井　最近の「香港《ホンコン》のデモ」については、どのようにご覧になっていますか。中国側からすると、もう打つ手がなくなりつつあるというか、デモを抑《おさ》えられず、そのままずっと続いています。

要するに、これは、「共産党のほうには、今、手がない」というようにも見えるわけですが。

文在寅守護霊　いやあ、それは、軍事占領すりゃいいんじゃないの？　中国の伝統的なやり方は、当然そうでしょうから。

うっとうしいのは、ＣＮＮとか、いろいろ放送拠点《きょてん》があるところだろうけど、トランプさんもＣＮＮが嫌《きら》いなことだし、潰《つぶ》してしまえばいいんじゃないの？

ああいう、十四億人の国がねえ、七百万ぐらいの人口のところに、尻尾《しっぽ》に振《ふ》り回されてるような状況《じょうきょう》だからさ。それは、もう、一気に占領すべきだよね、一夜にして。それがいちばんいいよ。

市川　「人権派弁護士」とも言われていた文在寅大統領ですけれども……。

文在寅守護霊　韓国では、香港の人権は関係ないので、特に守る必要もないし。

市川　韓国人の人権は守るけれども、他国の人の人権は特にない、と。

文在寅守護霊　関係ない。それは、中国人なんだからさ、中国が受けて立つべきで。中国のほかのところだって、人権のないところはいっぱいあるんだからさ。「中国人である」ということは、そういうことなんだからさ。

綾織　中国のなかで、さまざまな宗教者たちが弾圧《だんあつ》されていますが、それも、構わないわけですか。

文在寅守護霊　いやあ、「共産党員以外には人権がない」んだから、中国では。そういう国なんだから。そこに生まれた以上、それは、生まれた責任があるんだよ。

綾織　それをよしとされるわけですね？

文在寅守護霊　中国人なんだから、しょうがないでしょう。外国に逃《に》げられるかどうかだけだ、あとはな。

綾織　では、北朝鮮のなかで弾圧されている方々については、どう思われるんですか。

文在寅守護霊　北朝鮮で弾圧されてる人たちは、早く南北が併合《へいごう》されることを望んでるだろ。それが……。

綾織　併合して……。

文在寅守護霊　私が〝救世主〟っていうことだよなあ。

綾織　そういう方々を解放するということですか。

文在寅守護霊　それはそうだよ。韓国と一体になれば、言葉も通じるしね、経済力が入ってくれれば、それはもう、「救いの天使」だろうな。

綾織　「信教の自由」も認めるわけですね？

文在寅守護霊　宗教といっても、まあ、「文在寅を称《たた》える自由」だけどね。

綾織　あっ、そちらのほうですか。

文在寅守護霊　そう。もちろん、それはそうだよ。金正恩《キムジョンウン》のほうは、要するに、餓死者《がししゃ》をいっぱい出してるんだからさ。たくさん出してるんで。

韓国は、北から逃げてきた人を餓死させたっていうことを、最近、ちょっと追及《ついきゅう》されてるけども、まあ、たまに、そういうケースもあるが、一般《いっぱん》的には潤《うるお》ってるからね。

「金正恩《キムジョンウン》は、ただのガキ」

綾織　南北を統一したときには、金正恩《キムジョンウン》氏は、どういう状態になるんですか。

文在寅守護霊　まあ、ガキだからね、ただの。ただのガキだから、ディズニーランドみたいなところで遊ばせてりゃいいんじゃないの、どっか。

綾織　そういうことですか。

でも、自由もそれほどないし、経済的にも苦しいし、「統一朝鮮」というのは、非常に不思議な国ですね。

文在寅守護霊　いや、だから、日本から金を取るつもりでいるから。まあ、それ以外ないですよ。百兆円単位ぐらいの借金は、安倍さんは平気でしょ？

綾織　本当に、それだけですね。あとは何もないんですね。

文在寅守護霊　それはそうですよ。日本から取るしか、もうないっしょ。いちばん取りやすいところから取る。
　アフリカなんかに出す金がまだあるっていうんだったら、取るしかない。

綾織　なるほど。

6 「永遠の反日」思想の底にあるもの

「反日こそ、永遠の正義」

綾織　文在寅大統領は、もう他国から見捨てられ、次の段階で、国民からも見捨てられ、もう何もなくなって、結局、最後の最後は、「北朝鮮《きたちょうせん》に亡命する」ぐらいしか道がなさそうな気がします。

文在寅守護霊　そんなことない。いや、反日こそねえ、永遠の正義なんですよ。だから、私は、言えば、イスラエルを建てたモーゼみたいな存在なんですな。エジプトで四百年奴隷《どれい》になっていた民《たみ》を解放してね、そして、カナンの地に導いて、ユダヤ人の独立国家をつくったモーゼみたいなもんなんで。

綾織　うーん。

文在寅守護霊　朝鮮人をいじめ抜《ぬ》いた各国を見返して、やっぱり、強い強国をつくり上げるということなんだな？　地上にね。

綾織　その「反日」というのは、ご自身の魂《たましい》の歴史の、どのあたりから来るんですか。

私たちは、文大統領の過去世《かこぜ》として、イタリアのムッソリーニ元首相、●黒田長政《くろだながまさ》という日本の武将と理解しているんですけれども。

文在寅守護霊　うん。

●黒田長政（1568 ～ 1623）　安土桃山～江戸時代初期の武将。黒田官兵衛《かんべえ》（如水《じょすい》）の長男。筑前福岡藩の初代藩主。豊臣秀吉《とよとみひでよし》に仕え、九州平定、文禄《ぶんろく》・慶長《けいちょう》の役《えき》（朝鮮出兵）で活躍。関《せき》ヶ原《はら》の戦いでは徳川側について、大きな戦果を挙げた。

綾織　こういった過去世からは、そこまでの反日というのが、ストレートには出てきにくいのですが。

文在寅守護霊　（韓国《かんこく》では）反日でない人のほうが、数少ないんだから、しょうがないでしょう？

綾織　それは、「韓国人だから」ということですか。

文在寅守護霊　韓国だと、「反日」以外の正義が、正義として何もないから、普遍《ふへん》的なものは。これだけが、唯一《ゆいいつ》、普遍的なもので。「日本っていうのは、泥棒《どろぼう》国家なんだ」と。「基本的には、盗人《ぬすっと》なんだ」と。「盗人猛々《たけだけ》しいっていう、そのいちばん猛々しいやつが総理になる国なんだ」と。

これだけ植えつけておけば、政権への批判は収まる。

だから、右翼《うよく》も左翼もないんだ。反日しかないんで。「日本人を、ユダヤ人みたいに、ガス室で皆殺《みなごろ》しにしたい」。これが、私たちの本心だから。

綾織　ご自身の魂のなかで、そういう反日的な部分というのはあるんですか。ご自身の魂の歴史のなかで、日本に対する恨《うら》みなどが……。

文在寅守護霊　いや、私は、もうちょっと普遍的な魂だからね。やっぱり、あらゆるところでの迫害《はくがい》等からね、人民を解放するっていう偉大《いだい》な使命を持ってるから。まあ、生まれ持っての救世主なのよ。ずっと、永遠の。永遠の救世主なの。

綾織　うーん……。かなり言い訳もたくさん入ってきているんですが（苦笑）。

二〇二二年大統領選後の二期目も狙《ねら》えるようにする?

綾織　今後のご自身の立場についてですけれども、二〇二二年の三月には、次の大統領選挙があります。

文在寅守護霊　うん。

綾織　少し前までは、「憲法改正して、二期できるようにする」など、そういう話も出ていたんですけれども、そのへんは、どうされますか。スパッと、一期目でちゃんと終われるものなんでしょうか。

文在寅守護霊　何か、嫌《いや》なことを言うね。君んところの雑誌を取り締《し》まろうかな、もうほんとにね。

綾織　まあ、取り締まれるのでしたら、別に、それはいいんですけれども。

文在寅守護霊　そんなのは、私の自由だから。

綾織　自由ですか。

文在寅守護霊　まあ、勝手だから。やっぱり、世界が必要とする人材なら、消してはならないでしょうな。

綾織　消してはならない？

文在寅守護霊　国連の事務総長をやってるような人（潘基文《パンギムン》氏）でも、韓国の大統領にはなれないんだからね。それを超《こ》えた人材なんだからさ、こちらはさ。日本人なんか、国連の事務総長なんかなれないんだからさ。それを超えた人材なんでね。だから、自分を人々が必要とするかぎり、やっぱり、戦い続けなきゃいけないとは思ってる。

綾織　それは、「憲法改正をする。二期目ができるようになる」ということですか。

文在寅守護霊　いや、日本のまねして、別に、憲法なんかいじらずに、やっちゃうことだってあるかもしれないからね。

綾織　ほお。それは自民党の党則の話なので、まねはできにくいのですけれども。

文在寅守護霊　いや、安倍《あべ》さんなんか、要するに、「憲法外し」ばっかりやってるんじゃない？　結局はね。言葉で「憲法外し」をするんだろう？

綾織　憲法外し？

文在寅守護霊　だから、憲法なんか、どうでもいいのでね。

綾織　「どうでもいい状態をつくる」ということですか。そして、ご自身は大統領を続ける、と？

文在寅守護霊　例えば、「国家非常事態宣言」をしてね……。

綾織　非常事態宣言？

文在寅守護霊　日本からの攻撃《こうげき》を防ぐために「非常事態宣言」をして、一切《いっさい》の権力を大統領に集中する。

綾織　ああ、なるほど。

文在寅守護霊　大統領令で、すべてを決められるようにすれば、行けなくはない。

綾織　確かに、経済状態とか、北朝鮮との関係とかを考えると、文在寅大統領自体が非常事態ですね（笑）。

文在寅守護霊　国家非常事態が今、接近しているんだ。

綾織　まあ、ご自身がつくり出している非常事態ですよね。

文在寅守護霊　だから、戒厳令《かいげんれい》を敷《し》いて、軍部で全部、押《お》さえ込《こ》めば……。

綾織　なるほど。

「法治国家」ではなく「情治国家」の韓国《かんこく》の体制

綾織　確かに、韓国《かんこく》だと、今までも、それに近いことはありましたので。

文在寅守護霊　いやあ、裁判所だって、警察だって、検察だって、国会だって、大統領の一存で、どうにでもなる国なんですよ。うちは「法治国家」じゃないんで。

綾織　（苦笑）認めるわけですね。

文在寅守護霊　うちは、「情治国家」と言われてましてね。感情で動くんですよ、全部。それが正しいんで。

綾織　では、選挙が近づいてきたら、そういう、戒厳令、非常事態宣言を……。

文在寅守護霊　任期を延長してもいいけどさ、面倒《めんどう》くさいからね。いや、例えば、日本と交戦中だったら、そんなもん、大統領選なんかやってる暇《ひま》ないからね。

綾織　うーん。なるほど。「交戦する」というのも、まったくの冗談《じょうだん》というわけではないんですね。

文在寅守護霊　いや、ほんとに、対馬《つしま》とかさあ、それは考えてるよ。

綾織　考えている？

文在寅守護霊　うん。竹島《たけしま》だけじゃ面白《おもしろ》くない。岩の塊《かたまり》じゃん。ねえ？　対馬を取られたら、日本は、さすがに、「次、来るかも」と思うだろう。

綾織　それは真剣《しんけん》な話なんですよね？

文在寅守護霊　真剣な話だよ。

綾織　脅《おど》しでも何でもなく。

文在寅守護霊　うん。中国も、日本の離島《りとう》は沖縄《おきなわ》辺にいっぱい、何十個もあるからさあ、「来るかもしらん」って言ってるけど、韓国のほうが手が早いかもしれない。日本を占領《せんりょう》したらさ、北朝鮮の気分もずっと変わるよな。「それだったら一緒《いっしょ》にやろうか」っていう。ね？

綾織　では、戦争状態になって、非常事態宣言をして……。

文在寅守護霊　軍事協定を結べばね。「反日においては、共同戦線を張る」っていうの。

綾織　まあ、そうでしょうね。

文在寅守護霊　「韓国が危機に陥《おちい》ったら、北朝鮮は、核《かく》兵器の使用も辞さない」ということを、一言《ひとこと》、盛り込めばね。

綾織　確かに、「日本からお金を取れなくなったら、そういう強硬《きょうこう》な、強制的な手段以外に採る道はなさそうだな」というのは、分かりますね。

文在寅守護霊　憲法を護《まも》る「日本の野党」は、朝鮮《ちょうせん》半島の支配下にある

綾織　消す？

文在寅守護霊　とりあえず、安倍を消さなきゃいかんからさ。

文在寅守護霊　まずは、安倍を〝消す〟ことが大事だと思う。

藤井　日本を標的にするとなると、日本国内では、「憲法を護《まも》る」という勢力が、まだ野党にたくさんいます。

文在寅守護霊　いや、それはもう、彼らは今、朝鮮《ちょうせん》半島の支配下にあるわけだから。

藤井　友軍というか、仲間のように思っているということですか。

文在寅守護霊　いや、それはもう、憲法を護っといてくれれば、われわれは何でもできるから、それはいいことだよ。周りの国は安心だよ。

だから、幸福実現党だけが〝変なこと〟を言うてるだけだからさ。香港《ホンコン》のデモ支《し》援《えん》？「日本は香港の味方です」なんて街宣《がいせん》してるんだろう？？

何をするのよ？　香港のために、何ができるのよ？　武装警察、さらに軍が介入《かいにゅう》したら、日本にいったい何ができるっていうの？　できることは何もないよ。日本になんか、何もできることはないよ。国内で騒《さわ》ぐだけだ。

文在寅大統領の就任直後に、霊言《れいげん》でその本質を明らかにした幸福の科学

藤井　安倍政権が、韓国に対して「戦略的無視」をしているのも、やはり、霊言《れいげん》の本が出て、文大統領が独裁者であったり、ファシズムを目指していたりといったところが、世論《せろん》として、非常に浸透《しんとう》しているからだと思うんですね。

文在寅守護霊　君たちね、ちょっと反省したほうがいいよ。新大統領に〝即位《そくい》〟したとたんに、悪人みたいな言い方をするっていうようなのは、これは悪いよ、ほんとに。非常に性格が悪い。

綾織　今回を合わせて三回、霊言の収録をさせていただいていますけれども、言っていることは、かなり一貫《いっかん》していますからね。

文在寅守護霊　でも、安倍さんよりも、もっと指導力があることが分かるだろう？　言うことがはっきりしてる。

綾織　「指導力」というか、〝ぶっ飛んでいる〟というか……。

文在寅守護霊　彼は、何を言っとるか分かんないけどさ。もう、接待ばっかりしているだけだから。接待して、ご機嫌《きげん》を取っているだけだけど、私なんか、指導力があるし。はっきり言うから、ものを。ね？

綾織　うーん。まあ、そうですね。「無理筋《すじ》ばかりを言われているな」というのは思いますね。

文在寅守護霊　いやあ、やっぱり、北朝鮮は、短距離《たんきょり》ミサイルとか言ってるけど、次は、もうちょっと命中させる練習をすべきだと思うんだよね。富士山《ふじさん》を跡形《あとかた》もなく消してしまう演習をしたらいいんじゃないかと思うんだ。そしたら、日本の誇《ほこ》りがなくなるだろう、一つ。

綾織　もしかしたら、今は金正恩《キムジョンウン》さんよりも、〝イッちゃってる〟かもしれないですね。

文在寅守護霊　〝イッちゃってる〟？　イッちゃってるとは、どういうこと？「病根」？「認知症《にんちしょう》」？「さようなら」？　何なの、「イッちゃってる」とは。
君たちね、反省すべきだよ。君たちの支部が安全に存続できると思ってるわけ？　今の状態で。いきなり警察が入って、踏《ふ》み込んで、逮捕《たいほ》っていうことだってあるんだからね。

綾織　そういうことをやったら、国際世論《よろん》も許さなくなりますよね。

文在寅守護霊　大統領侮辱罪《ぶじょく》でね、もう全部、検挙。共犯だからね。

「私たちは東洋のユダヤ人。国を護《まも》るためにあらゆることを」

綾織　本当に、「味方はゼロ、敵ばかり」になっていると思います。

文在寅守護霊　いや、そんなことない。私たちは、一貫して正しいんだよ。あのねえ、ユダヤ人のために、イスラエルという国を建ててね、トランプさんが、ユダヤ人をアラブから護《まも》ろうとしてるんなら、私たちは、「東洋のユダヤ人」みたいなもんで、日本にひどい目に遭《あ》わされて、大虐殺《だいぎゃくさつ》をいっぱい受けてるんだからさあ。韓国を護るためならね、あらゆることをしなければいけないと思いますね。

綾織　（過去世の話ですが）これまで、朝鮮半島にも生まれられているんですよね？

文在寅守護霊　うん？

綾織　そういう記憶《きおく》をもとに、言われているわけですよね？

文在寅守護霊　まあ、それはあるんじゃないかなとは思うんだけど、何だか昔のことを思い出すのは、何か、ちょっと、頭が痛くなるからできねえんだな。よく分かんないんで。

綾織　そういう、迫害を受けたような記憶があるわけですよね？

文在寅守護霊　うーん。まあ、それはあるな。何か、いじめられたような感じは、ちょっとある。

市川　ユダヤのときの記憶とかはありますか？

文在寅守護霊　ああ？

市川　昔、ユダヤかどこかで捕囚《ほしゅう》されていたとか、奴隷にされていたとか……。

文在寅守護霊　いやあ、すまんけど、ちょっと、私は、そこまで頭が行かないというか……。

市川　うーん。

文在寅守護霊　私たちは、もう、未来しか見てないから分かんないのよ。

綾織　朝鮮半島で、そういう迫害を受けたとするならば、基本的には、中国の側から受けているパターンが圧倒的に多いのですけれども。

文在寅守護霊　中国は、いつも正義だからね。世界の中心だから、そらあ。

綾織　ああ、なるほど。そちらにも正義はあるわけですか。中国が正義？

文在寅守護霊　それは、世界の中心は……。日本だって、中国の衛星国じゃん？　何のことはない。

綾織　そうではありませんけれども。

文在寅守護霊　だから、漢字文化圏《けん》で、もう、いいものは全部、中国からもらってるんだから。

綾織　では、そうした、何かしらの朝鮮民族としての恨みをもとに行動されている？

文在寅守護霊　いや、何かあるとは思うが、何だか、君たちが言うような「魂の記憶」は、あんまりよく分からないので。どうも、脳に、ちょっと被害《ひがい》を受けているか何か、よく、そのへんは取り出せないので。

とにかく、何か今、悔《くや》しくて、もう一回やりたい感じしかない。

綾織　悔しい？　日本に対して何かやりたい？

文在寅守護霊　うーん。やっぱり……。

綾織　リベンジをしたい？

文在寅守護霊　「日本侵攻《しんこう》作戦」なんか、やってみたくてしょうがない。

綾織　日本侵攻作戦？

文在寅守護霊　だから、北と同盟さえできれば、できるんだがな。

「日本侵略《しんりゃく》は永遠の夢」――その過去世《かこぜ》の記憶《きおく》とは

市川　例えば、「元寇《げんこう》の時代」とかには、親和性があったり、何か懐《なつ》かしい感じがしたりしますか。

文在寅守護霊　うーん、元寇？　チッ（舌打ち）。何か少し関係があるかもしれない。だから、その「魂の記憶《きおく》」っていうのは、そんな簡単には出てこないから……。何か、「船のつくり方が悪い」って、フビライから怒《おこ》られてるような感じは、ちょっとあるような。

綾織　ああ、そうですか。

文在寅守護霊　うーん。

綾織　では、まさに、高麗《こうらい》の国のなかで……。

文在寅守護霊　元《げん》の船は朝鮮半島でつくったんで、「高麗船の出来が悪いので、台風で沈《しず》んだ」って言って、えらい怒られたような感じはあるが。

綾織　なるほど。そこに、いらっしゃった？

文在寅守護霊　うーん。うん。

綾織　船をつくっていた？

文在寅守護霊　うーん。まあ、台風が悪いんであって、船が悪いわけじゃないんだ。いや、日本侵略《しんりゃく》は永遠の夢だよな。

綾織　ああ。そこで夢が出てきているわけですね？

文在寅守護霊　うーん。

綾織　侵略をしたい？

文在寅守護霊　だから、今は、そうねえ、対馬なんて小さすぎるので。最低でも、九州は取りたいわな。

綾織　なるほど。元寇のときも対馬に来て、今の博多《はかた》のあたりに来ているわけですけれども。

文在寅守護霊　うん。日本人はだいぶ、奴隷で連れていったけどね、対馬からはね。

綾織　確かに、そうですね。

文在寅守護霊　だから、九州の博多辺は、けっこう、武士が防塁《ぼうるい》を築いて戦ったからさ。何か、手強《てごわ》くてさ。チッ（舌打ち）。くそっ。

まあ、「台風」っていうけどさ、一カ月以上戦っていたから、そりゃあ台風は来るだろうよ、季節が来りゃあね。だから、台風だけで負けたわけじゃないんだよ。だからさ、日本人は、もう、あのころに〝憲法九条〟を入れるべきだったんだよ。

綾織　そのときの立場というのは、どういう立場だったのでしょうか。

文在寅守護霊　うーん、まあ、よう分からんが……、そういう宗教者じゃないから、よく分からんが、とにかく、モンゴル、いや、元の「同盟国」で、何か、日本侵略を手伝ってたんだとは思うがな。

綾織　高麗王ですか。

文在寅守護霊　うーん、いや、王……。

綾織　王まで行っていない？

文在寅守護霊　王かどうかは、よく分からん。よく分からん。

綾織　軍事的な指導者？

文在寅守護霊　よく分からんけど。とにかく、船はいっぱいつくった覚えはあるけど、それがほとんど沈んだんで、えらい怒られた感じだけは、はっきり覚えてる。

綾織　怒られたんですね。

藤井　「神風」と言いますが。

文在寅守護霊　そんなの、インチキだよ。

藤井　「日本神道《しんとう》の神様の力が働いた」というように思います。

文在寅守護霊　まあ、そんなの、インチキだよ。そんなことはないよ。そんなものはないけど。台風に耐《た》えられる木造船っていうのは、そんな簡単でないからね。海に浮《う》かんどるっていうのは、ちょっと厳しいからね。そりゃあ、時代的に無理はあったと思うよ。

日本だって、「遣唐使船《けんとうし》」とか、いっぱい出したって、半分は沈んどるじゃないか、だいたい。だから、当時の技術っていったら、そんなもんなんだからさ。そりゃあ、しょうがないじゃん。なあ?

だからね、やっぱり、対馬から博多辺は、もう一回、攻《せ》めたい気持ちがあるのよ。

綾織　なるほど。

秀吉《ひでよし》に操《あやつ》られたことへの「千年の反省」

綾織　ちょっと、霊的な探究になってしまうのですが、その後、あなたは、「日本の戦国時代の黒田長政として生まれられた」と言われているわけですが、こちらは、逆に、朝鮮半島に行っていて、当時、朝鮮出兵で朝鮮の方々を殺しています。

文在寅守護霊　いや、それに対してね、〝人類的罪〟を感じたわけよ。

綾織　ああ。

文在寅守護霊　秀吉《ひでよし》の〝気違《きちが》い〟に操《あやつ》られて、そういうね、手伝いをしたっていうことに対して、深ーい反省の念でもって、「千年の反省」をすることを心に誓《ちか》ったわけよ。

綾織　なるほど。それで、また、今度は日本に攻めてくるわけですね？

文在寅守護霊　そういう悪いことをした、もう本当に、朝鮮半島へ来て〝従軍《じゅうぐん》慰安《いあん》婦《ふ》〟をいっぱいつくってしまったことをね、深く反省してるからさあ。だから、今、「仕返し」をしなきゃいけないと思ってんのよ。

綾織　なるほど。

文在寅守護霊　（手元の雑誌を手に取り、机に放り投げながら）「韓国女性は、だいたい、二十五人に一人は、本当に慰安婦だ」というて書いてあるよ、こんな雑誌にさ。こういうね、「嘘《うそ》のような本当のようなことは書くな！」っていう。ねえ？韓国人女性は、「二十五人に一人、売笑婦《ばいしょうふ》だ」って言われたら怒るだろう。

いやあ、これ、実際はもっといるかもしらんけど。とにかく伝統なんだから。韓国には、「そういう女性が接待する」っていうね、麗《うるわ》しい伝統がずっとあるんだからさ。

だから、日本人は、自分たちの娘《むすめ》たちを提供するのを渋《しぶ》って、韓国人を、「プロフェッショナルだから使う」っていうのは、あんまりよくないよ。

で、やっぱり、韓国人が従軍慰安婦をつくったのは、黒田長政あたりが来て、現地でつくったんだよ、設営したんだよ。だから、その反省を兼《か》ねて、今、韓国の

〝キーセン（妓生《ぎせい》）外交〟を、ちょっと改めなきゃいかんと思ってんだよ。わしが始めたもんだから、まあ。

綾織　けっこう複雑な魂経験をされているんですね？

文在寅守護霊　やっぱり、良心があるわけね。魂の反省がね。だから、君らね、従軍慰安婦って、日韓併合《へいごう》の間だけにあったように思っちゃあいけないいんであって。それは、ずーっと昔の、秀吉の時代からあったわけなんだよ。

「朝鮮《ちょうせん》は兄なのだから、弟である日本はもっと尊敬し、貢《みつ》ぐべき」

綾織　少し、いろいろなものを白紙にして、やはり、「韓国、朝鮮《ちょうせん》半島が豊かになっていく。平和になっていく」ということを考えないといけないと思います。基本的には、朝鮮半島というのは、ずっと中国の属国でやってきて、「その期間は、あまり幸せではない」、あるいは「豊かではない」という状態が延々と続いてきたと思うんですよね。

それで、韓国については、ようやく戦後になって、「アメリカとつながって豊かになることができた」、あるいは、「日本とつながって豊かになれた」ということなので、この枠組《わくぐ》みを外すというのは、本当に、もう、ストレートに不幸に向かっていくしかなくなると思うのです。

文在寅守護霊　うーん、だから、われらは、粟《あわ》、稗《ひえ》、コーリャンとかを食って生活しとったのに、「日本だけ、どんどん豊かになっていく」っていうのが、やっぱり、おかしいいんだよ。

綾織　いや、いや。

文在寅守護霊　だから、北朝鮮の今の人民だって、もう、本当に食うものがなくて、いったい、何人死んだか分かんないって言われている。何百万人も死んでるんだから、餓死《がし》してるんだからさ。本当に、君らねえ、もう人類愛が足りないわな。

綾織　そのへんは韓国の方々もよく理解されていて、やはり、「アメリカと切れる」とか、「日本と切れる」とかいうことは、選べないと思うのですけれども。

文在寅守護霊　だいたい、日本は中国文化圏には属しているわけだけど、それは中国から来たんじゃなくて、やっぱり、朝鮮半島経由で日本に来たわけだから、朝鮮は兄であり、君たちは弟なんだよ。

だから、兄に対して、やっぱり、もうちょっと尊敬の念を持たなきゃいけない。兄が今、困っていたら、ちゃんと弟として貢《みつ》がなきゃいけないんだよ。

綾織　「貢ぐ」というよりも、「対等な関係として協力し合う」ということはあると思います。

文在寅守護霊　対等じゃないよ。こちらが教えてやったんだ、すべて。もう、こちらは、稲作《いなさく》も、今は少し衰《おとろ》えているんだけれども、何か、日本だけは豊かに米食っちゃって、もう本当にねえ。本当に。

綾織　だいたい、一通りお伺《うかが》いできたと思うのですけれども、今後、これ（本霊言）が書籍《しょせき》として発刊されていきます。それで、日本にも一部、アメリカにも……。

文在寅守護霊　（手元の雑誌を手に取り、掲《かか》げながら）だから、こういうのが全部間違いだっていうことを、これで論証してくれればいいんだよ。だから、「さようなら、韓国！」じゃなくて、「ありがとう、韓国！」、「韓国のおかげで、偉大な中国文化が日本に伝わって、日本が豊かになりました」ということね。「戦後、アメリカにそそのかされて、アメリカの小間使いをして、悪さをいろいろしたけれども、もう、アメリカとも手を切るときが来た」と。そして、「私たちは、みんな従軍奴隷となって、韓国、北朝鮮で肉体労働して働きます」と。ねえ？「日本人から労働者がやって来て、北朝鮮で水田をつくる」、そういうことをする時代が来たんだよ。

綾織　この霊言の内容を、世界各国の指導者層が見て思うであろうことは、「病根」という記事もありますけれども、やはり、「ちょっと病気ではないかな」と感じると思います。

文在寅守護霊　いや、そんなことはない。竹島というのは岩しかねえんだからさ。やっぱり、対馬から九州北部に攻め込む。これをね、生きている間にやりたい。

綾織　そうであるとするならば、トランプ大統領がどういう発想をされるかは分かりませんが、「金正恩氏の斬首《ざんしゅ》作戦」と同じレベルで、斬首作戦の対象になりうるレベルだと思います。

文在寅守護霊　いや、トランプさんから見たら、日本なんて、もう中国の一省にしか見えていないと思うよ、本当に。

うーん。たぶん、中国からも金を巻き上げるつもりだろうけど、日本からも巻き上げるつもりはあるだろうからさ。

だいたいね、アメリカの自動車工業を滅《ほろ》ぼしたのは日本なんだからさ、まず、トヨタあたりを接収しなきゃいけないよね。強制徴用《ちょうよう》して、トヨタの人たちをみんな〝奴隷〟にして、アメリカに連れて来て、アメリカで徴用工として働かせなきゃいけないんじゃないか？

綾織　これ、本当に、ちょっと、今後が心配になるんですけれども（苦笑）。

文在寅守護霊　私、脳イカれてる？　イカれてないじゃん？

綾織　うーん……、どうしましょうかね。

文在寅守護霊　魂だから、脳はないから、イカれとらんよ。

綾織　どうしましょうかね。

文在寅守護霊　ええ？

綾織　いいですか。このままでいいですか。

文在寅守護霊　君らの雑誌は、全然、読まれていないから大丈夫《だいじょうぶ》だよ。心配ない。

綾織　まあ、私どもとしては、この霊言についても、きちんと報道します。

文在寅守護霊　（質問者の藤井、市川を指しながら）君、もう、こちらの二人、呆《あき》れてる。君が、何か、イカれてるから、呆れてるじゃん？　君、良識ある意見を言いなさい、ちゃんと。

7 文在寅大統領の潜在《せんざい》意識を読む

霊界《れいかい》で「ヒットラー君は私を先生と呼び、隣《となり》の穴にいる」

市川　今、「文在寅大統領の精神構造はどこから来ているのかな」と思っていたのですが、やはり、「恨《ハン》」の思想が、韓国《かんこく》にあるんですけれども。

文在寅守護霊　それはね、洗脳思想だから。もう韓国人である以上、何かねえ……。いや、神様がね、ユダヤの神と同じなんじゃないかなあ。ユダヤの神は「妬《ねた》む神」だろう？　やっぱり、韓国の神も「妬む神」なんだよ。だから、他民族を妬むんだよ。

市川　妬みがその奥《おく》にある？

文在寅守護霊　「自民族のみが繁栄《はんえい》するのが正しい」っていう神様なんだと思うんだな。

だから、君らは「（韓国に）神はいない」って言うけど、神はいるんだよ、たぶん。千九百年間ね、ユダヤの神がいなかった間、きっと朝鮮《ちょうせん》半島に来てたんだよ。そして、「もっと妬め」と、「日本を妬め。中国を妬め」って教えてて、「自民族を繁栄させよ」と。こういうことを教えてたんじゃないかな。

綾織　実際、誰《だれ》かとお話をされています？

文在寅守護霊　ん？　ん？　誰か？

綾織　文在寅氏の守護霊様は、あの世に、ムッソリーニさんとして存在しておられると思うのですけれども、誰と交流されていますか。どういう人と会話をされていますか。誰の声が……。

文在寅守護霊　まあ、ヒットラー君なんかはね、私に対して、まだ「先生」って呼んでますよ。

綾織　先生？

文在寅守護霊　うん。

綾織　先生と呼んで、来られるわけですね？

文在寅守護霊　うん。彼にファシズムを教えたのは私だから。

綾織　なるほど。

文在寅守護霊　だから、「かっこいいなあ」と思って。「イタリアのファシズム、かっこいいな」と思って、敬礼の手の挙げ方まで勉強したぐらい、ヒットラー君は。（右手を挙げながら）私の上げ方、こうやって。「ああ、あれいいな」って。「ハイル・ヒットラー」。

綾織　それは、たまに来られて、ある程度、話をされている状態なんですね？

文在寅守護霊　うん？　いやあ、「隣《となり》の穴にいる」からさ、今。

綾織　隣に？

文在寅守護霊　うん。うん。

綾織　なるほど。穴なわけですね？

文在寅守護霊　穴ですね。

綾織　穴にいらっしゃるわけですね？

文在寅守護霊　うん。穴です。

綾織　暗いわけですね？

文在寅守護霊　いや、暗いかどうかは知らん。「洞窟《どうくつ》」だ。

綾織　洞窟？

文在寅守護霊　うん。洞窟。だから、昔から続いてる長い〝あれ〟だからね、人生だからさ。やっぱり、いちばん安全なのは、岩壁《がんぺき》で囲まれた洞窟だよな。それが、やっぱり、嵐《あらし》にも耐《た》え抜《ぬ》く力を持ってるからね。

綾織　ああ……。

文在寅守護霊　防空壕《ぼうくうごう》にもなるしね。いざっていうときにはね。

霊界《れいかい》で「トルーマン君が来て言った」内容とは

綾織　ほかに訪ねてくる方というのは、どういう方でしょうか？

文在寅守護霊　うん？　ほかに訪ねて……。

綾織　はい。今おっしゃった、「日本に対する恨《うら》み」のようなものをアドバイスする方もいらっしゃるわけですよね？

文在寅守護霊　ああ、うーん。ああ、トルーマン君（ハリー・S・トルーマン元アメリカ大統領）が、この前、来たね。

綾織　ほお。

文在寅守護霊　うん。で、やっぱり、「朝鮮戦争のときに、核爆弾《かくばくだん》を落としとくべきだった」っていうようなことを言うとったね。

綾織　なるほど。

文在寅守護霊　「そうすれば、こんなことはなかったんだ」と。「君たちは、もっと幸福だったんだ」っていうようなことを……。

綾織　幸福ですかね。

文在寅守護霊　うーん。「通常戦争をしたために、こんなことになってしまった」と。だから、やっぱり、「核を広島、長崎《ながさき》に落としたぐらいで、『人類に対する罪』

なんていう言葉に惑《まど》わされたのが間違《まちが》いだった」って、トルーマン君が言うとったわ。

だから、やっぱり、根元をね。「中国軍と金日成《きんにっせい》の頭上から核爆弾を落としときゃ済んだんだ。マッカーサーは正しかった」と言うとったね。

綾織　なるほど。その場合には北朝鮮側がなくなって……。

文在寅守護霊　その場合はなくなってね、全部が韓国だ。全部が韓国で、〝統一韓国〟が存在したんだ、七十何年前に。

綾織　なるほど。

文在寅守護霊　七十年ぐらい前か。（トルーマンは）そうするべきだったね。

広島、長崎で二、三十万人が死んだって、こんなの〝虫けら〟なんだよ。どうでもいいんだよ。そういうことを道義的に反省するのはね、左翼《さよく》でも人権派でもないんだよ。虫けらは虫けらなんだから。だから、ああいう悪を続けさせないためには、上からボンボコ落としゃあよかったんだよ。

綾織　トルーマン元大統領の、今の時点でのアドバイスは何ですか。

文在寅守護霊　ん？

綾織　文在寅大統領に対するアドバイスは何かあるんでしょうか。

文在寅守護霊　うん。「核兵器っていうのは、つくれば必ず落としたくなるもんなんだ」というようなことを言っていた。「特に、民族の独自性が強いと、必ず使いたくなるもんだ。だから、北朝鮮とイスラエルがいつ核兵器を使うか、注目して見ている」みたいなことを言うとった。

綾織　おお。ちょっと悪魔《あくま》的ですね。

文在寅守護霊　そうなんですかね。いや、私たちは日本が滅《ほろ》びて幸福になった仲間ですから。

綾織　なるほど。私たちの理解では地獄《じごく》にいるような方々が、出たり入ったりして……。

文在寅守護霊　だって、日本こそ地獄じゃん。〝丸ごと地獄〟じゃん。一億二千万、地獄じゃないか、これ。日本ってのは地獄の鬼《おに》ヶ島よ。

幸福の科学のソウルと大邱《テグ》の支部の信者は検挙される？

綾織　「ムッソリーニさんの魂《たましい》としても非常に厳しい状態にある」ということは分かります。

文在寅守護霊　とにかくねえ、君ら、本だの上映会だの好きにしてもいいけど、ソウルとね、釜山《プサン》だっけ、大邱《テグ》だっけ、どこだったか。大邱かな、君たちは（ソウルと大邱に）支部を持っているんだろう？　そこの信者たちは、みんな、検挙される可能性があるからね。

「国家に対する反乱罪」でね、検挙される恐《おそ》れがある。気をつけたほうがいいよ。

韓国ではね、反韓国的な思想は許されないんだから。

綾織　それは、「韓国はもう完全に自由主義陣営《じんえい》ではなくなる」ということだと思います。

文在寅守護霊　もう早く撤退《てったい》したほうがいいよ。

市川　幸福の科学は、韓国の方々の幸福のために活動していますので。

文在寅守護霊　不幸のために活動してんじゃん。何言ってんのよ。だから、幸福の科学に所属した人たちは、韓国のなかでは、非国民として、今、いじめられ続けてんだからさ。

市川　いや、全然そういうことはございません。

文在寅守護霊　それはもう、アンダーグラウンドよ。ほんと地下活動なんだから。

完全に非公認存在だ。

だから、君たちはね、「自分たちこそが、日本こそが鬼ヶ島であり、地獄の本拠《ほんきょ》地《ち》なんだ」っていうことをよく知るべきだよ。君たちを〝いじめる〟ことは正義なんだよ、歴史的に。

「日本の神は、人使いが荒《あら》く、ケチで、収奪《しゅうだつ》する神」

藤井　やっぱり、日本の神様は嫌《きら》いでしょうか。日本神道《しんとう》の神々は非常に格の高い神様として霊界《れいかい》に存在していらっしゃるのですが。

文在寅守護霊　いや、日本の神様はね、何て言うか、人使いが荒《あら》いし、だいたいケチだし、だいたい収奪《しゅうだつ》が目的だし、よくないね。だからね、鳥居をいっぱい建てられて、韓国の神様がたは、みんな追い出されてねえ。戦後、鳥居はみんな焼き払《はら》ったけどねえ。だから、韓国の〝高天原《たかまがはら》〟がないんだよ、今な。

綾織　日本神道の責任ではないと思います。

文在寅守護霊　いや、日本神道でしょ、悪いことをしたのは。

綾織　それ以前からだと言われております。

文在寅守護霊　うーん。

藤井　戦国時代だけではなくて、例えば「明治維新《いしん》」のころなどに関して、何か感想は……。

文在寅守護霊　〝世界最悪〟の革命でしょ、明治維新なんていうのは。

藤井　結局、今のいろいろな政治問題も、日韓併合《へいごう》などを、全部逆流させて、「日本のやったことは、全部間違いだった」という方向に持っていこうとしているもののように見えるわけです。

文在寅守護霊　だって、「征韓論《せいかんろん》」なんか立てたの、西郷隆盛《さいごうたかもり》でしょ？

藤井　はい。

文在寅守護霊　あんな銅像なんかは、上野《うえの》からもう〝ぶっ飛ばさなきゃ〟いけないわね。あれはもう叩《たた》き壊《こわ》さなきゃいけないよ。あそこに従軍慰安婦《じゅうぐんいあんふ》の像を立てないと。

綾織　日本は、基本的には、ずっと朝鮮半島の近代化を願ってきたのですが、いまだにそれが叶《かな》わないわけです。そういう関係だと思います。

文在寅守護霊　「（日本は）ハングルを復活させて広めた」とか、いろいろ偉《えら》そうに言うとるんだろうけどさ。ハングルを広められたおかげで、私たちは〝世界の孤《こ》児《じ》〟になっとんだからさ、今。あんなもん、なかったほうが、もうちょっと世界的には発展してたんだからさ。

綾織　少し前までは漢字も使われていましたが、それをなくしてしまったのは韓国の政策ですよね。

文在寅守護霊　中国語でもいいし、英語でもよかった。もうちょっと発展していたかもしれん。ハングルを使うところは、ほかにないもん、世界中に。

今は、日本のデパートや観光地がハングルをちょっと勉強し始めて、客を取ったところなのに、客が来なくなったから、もうすぐ廃《すた》れる。

「今、私は世界の中心にいる」

綾織　そろそろお時間になってきましたので……。

文在寅守護霊　君らは、結局、何も論点を詰《つ》められないじゃないか。(「正論」「WiLL《ウィル》」等の雑誌を手に取って）こういう間違った雑誌を廃刊《はいかん》にするための活動は何もないのか。

綾織　内容としては、そこに出ているような「病根」が……。

文在寅守護霊　病根？

綾織　守護霊さんのレベルでは極端《きょくたん》に出ていることが分かりました。

文在寅守護霊　「病根」じゃなくて、「信念」でしょ？　信念でしょ？

綾織　まあ、信念なんだと思います、方針としては。

文在寅守護霊　だから、「ヒットラー君の先生なんだ」ということを知っといてください。よ。「〝安倍《あべ》ファシズム〟なんかに負けるような私じゃないんだ」っていうことを知っといてください。こちらのほうが「上」なんでね。先生なんだからさ。

綾織　広く、この状態を知っていただき、韓国への対応を世界で揃《そろ》えていかなくてはならないと思います。

文在寅守護霊　だいたい、日本が弱すぎたから、イタリアは滅びたんであってさ。ミッドウェーあたりで、こってんぱんにアメリカをやっつけて、アメリカの西海岸まで占領《せんりょう》しとけばさ、アメリカには、もう、ほんとに、ドイツやイタリアを攻《せ》める余裕《よゆう》はなかったんだからさ。

綾織　まあ、イタリアは、はるかに弱すぎたので、ちょっと話にならないと思います。

文在寅守護霊　「弱すぎた」って……。（イタリアは）世界の理想だったんだからさ。

綾織　いえいえいえ。

文在寅守護霊　イタリアはローマ帝国《ていこく》の復活を目指しとったんだから。

綾織　すみませんが、イタリアはほとんど戦力にカウントできなかったんです。

文在寅守護霊　でも、戦後（を見ると）、反共主義は正しかったんじゃないのか。

綾織　それはそうですね。

文在寅守護霊　そうだろう？

綾織　はい。

文在寅守護霊　だからね、私は世界の中心にいるんだ、今。

「毛沢東《もうたくとう》は、私よりずっと下のほうの人で、私には簡単に会えない」

市川　ちなみに、「中国の元国家主席の毛沢東《もうたくとう》をあまり好きではない」と以前にはおっしゃっていたんですけれども……。

文在寅守護霊　うん、うん、うん。

市川　今は毛沢東氏のことをお好きでしょうか。やはり「自分が上」と思っていらっしゃいますでしょうか。

文在寅守護霊　毛沢東なんかは、ずーっと「下のほうの人」だから、私にはそんなに簡単に会えないんじゃないかな。

市川　そういう意味で「会えない」と?

文在寅守護霊　そんなに簡単には会えないんじゃないかな、毛沢東なんか。私に会うには誰かの「つて」がないと。

綾織　「霊界でも基本的には孤立されているのかな」と感じるのですが。

文在寅守護霊　いや、違うんだ。秩序《ちつじょ》があるわけね。私みたいな〝高次元の存在〟に会うには、毛沢東でも大変なんだよ。梯子《はしご》をかけて登らなきゃいけないから。

綾織　地上でもかなり孤立していますので、「霊界でも同じような状態なんだろう」と想像できます。

8 「〝安倍《あべ》ファシズム〟なんて、ちょろいもんよ」

「ファシズムの本当の〝素晴《すば》らしさ〟は、こんなもんじゃない」

文在寅守護霊　とにかくね、安倍《あべ》は先に倒《たお》したいのよ。あっちが退任しないかぎり、「私が大統領を辞《や》める」っちゅうのは、ちょっと納得《なっとく》がいかない。

〝安倍ファシズム〟なんてねえ、もう、ちょろいもんよ。ほんとにね、まねごとだからさ。ファシズムをやろうとしてるんだろ？　だけど、あんなのは本質じゃない。ファシズムの本当の〝素晴《すば》らしさ〟っていうのは、こんなもんじゃない。

綾織　なるほど。

文在寅守護霊　人民の魂《たましい》をわしづかみにしなきゃいけない。支持率を九十九パーセントぐらいは取らなきゃ、やっぱりいけないんですよ。

綾織　韓国《かんこく》国民の気持ちも、だんだん表明されていくと思いますので。

文在寅守護霊　九州を取ったるからね。見てろ。それが嫌《いや》だったらねえ、五百兆円ぐらい出せ。

綾織　五百兆円!?

文在寅守護霊　そうしたら、北（朝鮮《ちょうせん》）を全部、再開発するだけの力が出てくる。

綾織　「まったくの夢想」と言わせていただきます。

文在寅守護霊　「夢想リーニ」か。まあ、いいや。

綾織　そうですね（笑）。ありがとうございます。

「日本は憲法九条と共に海に沈《しず》め」

文在寅守護霊　（市川に）君、韓国の支部はいつ閉《と》じるんだ？

市川　いや、今、ますます（信者が）増え、発展しておりますので、ご心配なく。

文在寅守護霊　いやあ、今、脱走者《だっそうしゃ》が相次《あいつ》いどるだろう。

市川　いえいえ。

文在寅守護霊　日本の宗教なんかに属していたら、もう就職できないでしょう、今。

市川　韓国でも人気で……。

文在寅守護霊　そんなはずはないよ。だって、どこも雇《やと》ってくれないはずだよ。そんなはずはない。

市川　ますます増えて、発展しております。

文在寅守護霊　嘘《うそ》つき。やっぱり日本人だな。嘘つきだ。

市川　いえいえ。

綾織　今回の霊言《れいげん》で、文在寅大統領の未来が分かったと思います。

文在寅守護霊　私の発言で、いったい何が決まったんだ。ん？　何か。

綾織　それについては、世界が客観的に判断すると思います。

文在寅守護霊　私が正直であったことは事実だよな。自分の良心に誓《ちか》って正直だったね。

で、やりたいことをはっきり言ったよな。

綾織　そうですね。正直だと思います。

文在寅守護霊　北の核《かく》兵器をなくす気がないのも。

綾織　はい。

文在寅守護霊　アメリカは（北の核兵器を）なくそうとしていたけど、トランプさんもだんだん諦《あきら》めてきているし、日本もそのうち諦めるだろ。だから、「憲法九条」と共に日本は沈《しず》め。海に沈むのがよい。

綾織　（文在寅大統領も）金正恩《キムジョンウン》レベルの「世界の敵」に近づいているように思います。

文在寅守護霊　あちらのほうに経済支援《しえん》をしてやると同時に、北の核ミサイルが釜《プ》山《サン》まで道路を走れるようにしてやろうかと思っとるからさ。

綾織　なるほど。〝素晴らしい〟プランです。

文在寅守護霊　君たちの最期《さいご》は近い。

「トランプはケチ。オバマは優《やさ》しくてよかった」

市川　トランプ大統領にお伝えしたいこと、言いたいことはございますか。

文在寅守護霊　トランプさんか。うーん。ケチだなあ。とにかくケチだわ。やっぱり、ああいう、「政治家の経験」のない人を大統領にしたらいかん。あっ、わしもなかったんかな。いや、あったかもしれない。

（トランプ大統領は）〝商売〟でやっているから、（アメリカは）早く大統領を替《か》えたほうがいいよ。

やっぱり、オバマさんはよかったよな。基本的にはオバマさんは優《やさ》しかった。われらの悲惨《ひさん》な従軍慰安婦《じゅうぐんいあんふ》とか、あんなのがあったら、「かわいそうだなあ」と、ほんとに心の底から同情していたような気がするな。「日本にもっと核兵器を落としてやりゃよかった」と、ほんとに涙《なみだ》ながらに思っていたんじゃないかな。

綾織　なるほど。今日は、前回、前々回に比べて……。

文在寅守護霊　純粋《じゅんすい》化された。意見がな。

綾織　はい。中心部分を教えていただいたと思います。

文在寅守護霊　韓国だけがねえ、没落《ぼつらく》して沈むなんてことは、ありえないからね。

君らも一緒《いっしょ》に沈めるからね。

綾織　ああ。「一緒に沈みたい」ということですか。

文在寅守護霊　「日本沈没《にっぽんちんぼつ》」だよ、目標は。

綾織　「もろとも」ということなんですね。

文在寅守護霊　台風も最近よく襲《おそ》っているし、もう日本を沈めたいんじゃないかな。

綾織　なるほど。非常によく分かりました。

文在寅守護霊　日本の都市は全部、海抜《かいばつ》ゼロメートル地帯じゃないか。なあ？　だから、津波《つなみ》とかで海水位が上がるだけで、もう沈むんじゃない？　中国が石炭をボンボン燃やしているからさ、そのうち海水位が上がって、みんな沈むよ、日本の都市は。

幸福実現党への〝アドバイス〟

綾織　地上の文在寅大統領も今、非常に大変な状況《じょうきょう》だと思いますので、ぜひ韓国へ帰って導きを与《あた》えていただければと思います。

文在寅守護霊　君ら、余計なことをしないで、香港《ホンコン》へ〝殺され〟に行けよ。代わりに香港にでも行ってね。あれは日本人（に対して）だったかな、「頭を殴《なぐ》ってしもうた」っちゅうのは。催涙弾《さいるいだん》も撃《う》ってしまった。

綾織　共に戦っていきたいと思います。

文在寅守護霊　君らの政党は、まったく人気がないんだろう、日本でも。それはそうだろうと思うよ。

綾織　いえいえ。まったくこれからですので。

文在寅守護霊　いや、中国や韓国、北朝鮮を敵に回すような政党がね、勝てるはずがない。それはそうだ。

市川　文在寅大統領から、幸福実現党への〝アドバイス〟はございますか。

文在寅守護霊　「北朝鮮に米を百万トン送ろう」とか、「従軍慰安婦像を、幸福実現党の手によって日本の主要都市全部に設置しよう」とか、そういう運動をすれば、票が入って政党として大躍進《だいやくしん》する。だから、政策を変えたほうがいい。

綾織　だんだん放言に入ってきているので、このあたりで終わりたいと思います。

文在寅守護霊　私、過激になっとるかな?

綾織　そうですね。ある意味、〝純粋化〟しているんだと思います（苦笑）。

文在寅守護霊　うん。

綾織　まったく余計な混じり気《け》がなさそうな……。

文在寅守護霊　いやあ、（第二次世界大戦のときには）イタリアは負けたけど、「日本海軍は、もうちょっと強い」と思っとったのが大きな誤算だったね、ほんとに。（海での）実戦経験がまったくないアメリカなんかに負けるなんて、ほんとに情けないことであった。

綾織　それは、日本人としても、そう思います。

「韓国《かんこく》大統領は、国連の事務総長より偉《えら》い世界的存在」

文在寅守護霊　韓国《かんこく》の大統領は、国連の事務総長より偉《えら》いんだからね。よーく、そのことを考えてよ。世界的存在なんだからね。

「これが正義だと分からんようだと、君たちは邪教《じゃきょう》だ」ということだからね。安倍君にも、一言《ひとこと》、言っとかにゃいかんね。「早く辞めろ」。

綾織　なるほど。分かりました。

文在寅守護霊　それだけだ。

綾織　はい。ありがとうございます。

文在寅守護霊　ああ。

9　経済・政治・マネジメントが分からない弁護士大統領
── 霊言《れいげん》を終えて

北朝鮮《きたちょうせん》と合併《がっぺい》後、韓国《かんこく》は潰《つぶ》れ、支える力はない

大川隆法　（手を二回叩《たた》く）確かに苛立《いらだ》ってはいるから、おそらく、以前よりも立場は悪いのでしょうね。

綾織　そうですね。

大川隆法　「日本経済よりも、韓国《かんこく》経済と中国経済が崩壊《ほうかい》するほうが先だ」というのが、大方の見方ではあるのです。中国経済のほうが少し大きいので、崩壊すれば

影響《えいきょう》は大きいでしょうけれども、韓国のほうが壊《こわ》れるのは早いかもしれませんね。

綾織　はい。

大川隆法　結局、韓国は北朝鮮《きたちょうせん》と合併《がっぺい》したところで潰《つぶ》れますからね。支える力はないでしょう。

綾織　はい。

大川隆法　やはり、西ドイツと東ドイツが合併したとき、東ドイツの経済状態は悪かったけれども、それでも、旧ソ連の衛星国としては、経済力はトップでしたからね。トップの経済力だった東ドイツであっても、西ドイツと比べれば何分の一かしかなかったと思います。

ですから、今、韓国が北朝鮮を吸収などしたら、ものすごい重荷を背負った感じになるでしょう。

綾織　はい。

大川隆法　おそらく、「百キロのダンベルを肩《かた》の上に担《かつ》いでマラソンをせよ」と言われるような重さだろうと思います。今、その重さがかかってきているのではないでしょうか。四十二キロメートルを走るどころか、百キロものダンベルを背負って一歩歩けるか、二歩歩けるかという感じでしょうか。

「人権派弁護士として賠償金《ばいしょうきん》を取る」ことしか分からない文在寅大統領

綾織　その意味では、文在寅大統領は「経済はまったく分からない」ということですね。

大川隆法　分からないようですね。「経済」も「政治」も、実は分からない。「マネジメント」も分からない。「企業《きぎょう》の成功の仕組み」も分からない。とりあえず、人権派弁護士として左翼《さよく》的に攻撃《こうげき》するのみで、裁判で勝って賠償金《ばいしょうきん》を取る。これ以外は、もう、分からないということだと思います。ここに集中しているので、一生懸命《いっしょうけんめい》、昔の話を持ち出して、賠償金を取ろうとしているのでしょう。

綾織　なるほど。

大川隆法　残念だけれども、「（韓国には）人材がいない」ということですね。それは、自業自得《じごうじとく》でしょう。もう少しいい人を（大統領に）選べばいいのですが、もういないのでしょうね。

どうせ、ここは教育自体がおかしいのだろうと思われます。日本のことだけではなく、もはや、教育自体が自分たちを改善するような教育にはなっていないのでしょう。

これまでは「反日」だけ言っておけばよかったのが、こちらが戦略的無視に入ったら、結局、言っても言っても、なしのつぶてのようになってきつつあるのかもしれません。

韓国《かんこく》のほうに「もっと正式な歴史認識」を求める

大川隆法　戦後、日本が韓国《かんこく》のために一生懸命に行《おこな》ってきたことなどは、正当に評価はしていないし、報道もしていないし、国民も知らない状態なのでしょう。

●一九六五年に「日韓請求権協定《せいきゅうけんきょうてい》」で請求権の放棄《ほうき》をしても、そのあとも、現実には、日本から韓国に対してはずいぶんと金銭援助《えんじょ》をしているのです。しかし、そういうことを国民には知らせていないはずです。歴史認識については、韓国に対し、正式なものを求めたいと、私は思っています。

●一九六五年に……　1965年の「日韓基本条約締結」以降、日本から韓国への支援金は、現代の価値に換算すると53兆円を超えている。

残念ではありますが、これもある種の「天邪鬼《あまのじゃく》」なのでしょうね。

綾織　はい。

大川隆法　もう、何を言っても駄目《だめ》なのでしょう。ですから、これはもう、基本的には距離《きょり》を取るしかありませんね。

でも、中国が崩《くず》れたら、急に弱気になると思います。

価値観の引っ繰《く》り返るときが近づいている

大川隆法　今、日本と中国が、アジアのリーダーシップを競争しているのでしょうけど。ただ、アメリカのほうは、「戦争（第二次大戦）時の同盟国だ」と思って中国のことを持ち上げていたのを、すでにやめつつあるため、これからは「中国の没落《ぼつらく》」が始まります。歴史が変わるのを見たいと思いますね。

幸福実現党も、持ち堪《こた》えられれば、何かまたいいことがあるかもしれません。価値観の引っ繰《く》り返る時期が近づいているように思います。

それでは以上です。

質問者一同　ありがとうございました。

あとがき

韓国には、憲法の上に「情治法《じょうちほう》」というのがあり、「国民感情」なるものが、「正義」を決める鍵《かぎ》になるらしい。

そこには、神の教えも、民主主義も、法治国家も存在してはいない。

今回のリーディングでは、文大統領《ムン》の思考回路の源流をつきとめたことが一つのスクープではあろう。

そうか、自分自身が、「従軍慰安婦」の創設者であり、元寇《げんこう》の時の高麗船造《こうらいせんづく》りの責任者でもあったのか。その複雑な魂のトラウマが、あの異様《いよう》な発言の数々になっているのか。
イタリアのムッソリーニ元首相も「神」になりたかったろうな。「神」になりそこねたのは、全て日本軍の責任だったわけだ。日本が弱すぎたのがいけなかったらしい。ならば、今回は、しっかりと責任を果たさねばなるまい。

二〇一九年　九月三日

幸福《こうふく》の科学《かがく》グループ創始者兼総裁《そうししゃけんそうさい》　大川隆法《おおかわりゅうほう》

『断末魔の文在寅　韓国大統領守護霊の霊言』関連書籍

『文在寅　韓国新大統領守護霊インタビュー』（大川隆法 著　幸福の科学出版刊）
『文在寅守護霊 vs. 金正恩守護霊』（同右）
『日銀総裁　黒田東彦　守護霊インタビュー』（同右）
『守護霊インタビュー　トランプ大統領の決意』（同右）
『習近平守護霊　ウイグル弾圧を語る』（同右）
『毛沢東の霊言』（同右）

断末魔《だんまつま》の文在寅《ムンジェイン》 韓国大統領守護霊《かんこくだいとうりょうしゅごれい》の霊言《れいげん》

2019年9月4日　初版第1刷
2019年10月4日　第2刷

著者　大《おお》川《かわ》隆《りゅう》法《ほう》

発行所　幸福の科学出版株式会社

〒107-0052 東京都港区赤坂2丁目10番14号
TEL(03)5573-7700
https://www.irhpress.co.jp/

印刷・製本　株式会社 研文社

落丁・乱丁本はおとりかえいたします

ISBN978-4-8233-0109-4 C0030
カバー，p.31 EPA＝時事
装丁・イラスト・写真（上記・パブリックドメインを除く）©幸福の科学

大川隆法 ベストセラーズ・日本と世界の未来のために

リーダー国家 日本の針路

緊迫する中東情勢をどう見るか。世界教師が示す、日本の針路と世界正義。イランのハメネイ師とイスラエルのネタニヤフ首相の守護霊霊言を同時収録。

1,500円

日本の使命

「正義」を世界に発信できる国家へ

哲学なき安倍外交の限界と、東洋の盟主・日本の使命を語る。香港民主活動家アグネス・チョウ、イランのハメネイ師＆ロウハニ大統領 守護霊霊言を同時収録。

1,500円

自由・民主・信仰の世界

日本と世界の未来ビジョン

国民が幸福であり続けるために──。未来を拓くための視点から、日米台の関係強化や北朝鮮問題、日露平和条約などについて、日本の指針を示す。

1,500円

愛は憎しみを超えて

中国を民主化させる日本と台湾の使命

中国に台湾の民主主義を広げよ──。この「中台問題」の正論が、第三次世界大戦の勃発をくい止める。台湾と名古屋での講演を収録した著者渾身の一冊。

1,500円

※表示価格は本体価格（税別）です。

大川隆法 霊言シリーズ・朝鮮半島の未来を読む

文在寅守護霊 vs. 金正恩守護霊

南北対話の本心を読む

南北首脳会談で北朝鮮は非核化されるのか？　南北統一、対日米戦略など、宥和《ゆうわ》路線で世界を欺く両首脳の本心とは。外交戦略を見直すための警鐘の一冊。

1,400 円

文在寅 韓国新大統領 守護霊インタビュー

韓国が「東アジアの新たな火種」となる!?
文在寅新大統領の驚くべき本心と、その国家戦略が明らかに。「ムッソリーニの霊言」を特別収録。

1,400 円

守護霊インタビュー トランプ大統領の決意

英語霊言 日本語訳付き

北朝鮮問題の結末とその先のシナリオ

“宥和《ゆうわ》ムード”で終わった南北会談。トランプ大統領は米朝会談を控え、いかなるビジョンを描くのか。今後の対北朝鮮戦略のトップシークレットに迫る。

1,400 円

北朝鮮の実質ナンバー2 金与正《キムヨジョン》の実像 守護霊インタビュー

米朝会談は成功か、失敗か？　北朝鮮の実質ナンバー2である金与正氏守護霊が、世界中のメディアが読み切れない、その衝撃の舞台裏を率直に語る。

1,400 円

幸福の科学出版

大川隆法 霊言シリーズ・世界情勢を読む

自由のために、戦うべきは今

習近平 vs. アグネス・チョウ 守護霊霊言

今、民主化デモを超えた「香港革命」が起きている。アグネス・チョウ氏と習近平氏の守護霊霊言から、「神の正義」を読む。天草四郎の霊言等も同時収録。

1,400円

「日露平和条約」を決断せよ

メドベージェフ首相 & プーチン大統領 守護霊メッセージ

「北朝鮮・中国の核兵器を無力化できる」。ロシアの2トップが、失敗続きの安倍外交に最終提案。終結していない戦後の日露、今がラストチャンス!

1,400円

スピリチュアル・インタビュー メルケル首相の理想と課題

英語霊言 日本語訳付き

移民政策や緊縮財政など、EUの難局に直面するドイツ首相の本心に迫る。トランプや習近平、プーチンに対する本音、そして、衝撃の過去世が明らかに。

1,400円

毛沢東の霊言

中国覇権主義、暗黒の原点を探る

言論統制、覇権拡大、人民虐殺——、中国共産主義の根幹に隠された恐るべき真実とは。中国建国の父・毛沢東の虚像を打ち砕く必読の一書。

1,400円

※表示価格は本体価格(税別)です。

大川隆法「法シリーズ」

青銅の法

法シリーズ第25作

人類のルーツに目覚め、愛に生きる

限りある人生のなかで、
永遠の真理をつかむ──。
地球の起源と未来、宇宙の神秘、
そして「愛」の持つ力を明かした、
待望の法シリーズ最新刊。

第１章　情熱の高め方
──無私のリーダーシップを目指す生き方

第２章　自己犠牲の精神
──世のため人のために尽くす生き方

第３章　青銅の扉
──現代の国際社会で求められる信仰者の生き方

第４章　宇宙時代の幕開け
──自由、民主、信仰を広げるミッションに生きる

第５章　愛を広げる力
──あなたを突き動かす「神の愛」のエネルギー

2,000円

ワールド・ティーチャーが贈る「不滅の真理」

「仏法真理の全体像」と「新時代の価値観」を示す法シリーズ！
全国書店にて好評発売中！

幸福の科学出版

―真実は、絶対に死なない。
世界から希望が消えたなら。
世界で22冠
サンディエゴ
国際映画祭 2019
公式選出作品
マドリード国際映画祭2019
外国語映画部門
最優秀監督賞
マドリード国際映画祭2019　外国語映画部門　最優秀作品賞ノミネート／フローレンス映画賞2019(7月度)長編部門名誉賞受賞／フローレンス映画賞 2019(7月度)脚本賞受賞／アウェアネス映画祭 2019　功労賞受賞／バルセロナ国際映画祭2019　カステル賞受賞／インディ・ビジョンズ映画祭 2019(7月度)物語部門受賞／ダイヤモンド映画祭2019(7月度)物語部門受賞／ザ・サウス映画芸術祭 2019(8月度)長編部門　名誉主演男優賞受賞／ザ・サウス映画芸術祭 2019(8月度)長編部門　最優秀ファンタジー賞受賞／ザ・サウス映画芸術祭 2019(8月度)長編部門　名誉監督賞受賞／ザ・サウス映画芸術祭 2019(8月度)長編部門　名誉脚本賞受賞／ザ・サウス映画芸術祭 2019(8月度)長編部門　名誉オリジナル楽曲賞受賞／ザ・サウス映画芸術祭 2019(8月度)長編部門　名誉プロダクション賞受賞／ザ・サウス映画芸術祭 2019(8月度)長編部門　名誉美術監督賞受賞／ザ・サウス映画芸術祭 2019(8月度)長編部門　最優秀 VFX 賞受賞／フェスティジャス映画祭 2019(8月度)最優秀原作賞受賞／フェスティジャス映画祭 2019(8月度)最優秀作品賞受賞／フェスティジャス映画祭 2019(8月度)最優秀長編物語賞受賞／フェスティジャス映画祭 2019(8月度)最優秀インスピレーション賞受賞／CKF 国際映画祭 2019(8月度)最優秀長編作品賞／CKF 国際映画祭 2019(8月度)最優秀海外主演男優賞／コルカタ国際カルト映画祭 2019(8月度)物語部門　功績賞
※9月時点
製作総指揮・原案　大川隆法
竹内久顕　千眼美子　さとう珠緒
芦川よしみ　石橋保　木下渓　小倉一郎　大浦龍宇一　河相我聞　田村亮
監督／赤羽博　音楽／水澤有一　脚本／大川咲也加
製作／幸福の科学出版　製作協力／ARI Production　ニュースター・プロダクション
制作プロダクション／ジャンゴフィルム　配給／日活　配給協力／東京テアトル　©2019 IRH Press　sekai-kibou.jp
10.18
日米同時公開

幸福の科学グループのご案内

宗教、教育、政治、出版などの活動を通じて、地球的ユートピアの実現を目指しています。

幸福の科学

一九八六年に立宗。信仰の対象は、地球系霊団の最高大霊、主エル・カンターレ。世界百カ国以上の国々に信者を持ち、全人類救済という尊い使命のもと、信者は、「愛」と「悟り」と「ユートピア建設」の教えの実践、伝道に励んでいます。

（二〇一九年九月現在）

愛

幸福の科学の「愛」とは、与える愛です。これは、仏教の慈悲《じひ》や布施《ふせ》の精神と同じことです。信者は、仏法真理をお伝えすることを通して、多くの方に幸福な人生を送っていただくための活動に励んでいます。

悟り

「悟り」とは、自らが仏の子であることを知るということです。教学《きょうがく》や精神統一によって心を磨き、智慧《ちえ》を得て悩みを解決すると共に、天使・菩薩《ぼさつ》の境地を目指し、より多くの人を救える力を身につけていきます。

ユートピア建設

私たち人間は、地上に理想世界を建設するという尊い使命を持って生まれてきています。社会の悪を押しとどめ、善を推し進めるために、信者はさまざまな活動に積極的に参加しています。

国内外の世界で貧困や災害、心の病で苦しんでいる人々に対しては、現地メンバーや支援団体と連携して、物心両面にわたり、あらゆる手段で手を差し伸べています。

年間約２万人の自殺者を減らすため、全国各地で街頭キャンペーンを展開しています。

公式サイト **www.withyou-hs.net**

ヘレン・ケラーを理想として活動する、ハンディキャップを持つ方とボランティアの会です。視聴覚障害者、肢体不自由な方々に仏法真理を学んでいただくための、さまざまなサポートをしています。

公式サイト **www.helen-hs.net**

入会のご案内

幸福の科学では、大川隆法総裁が説く仏法真理《ぶっぽうしんり》をもとに、「どうすれば幸福になれるのか、また、他の人を幸福にできるのか」を学び、実践しています。

入会　仏法真理を学んでみたい方へ

大川隆法総裁の教えを信じ、学ぼうとする方なら、どなたでも入会できます。入会された方には、『入会版「正心法語《しょうしんほうご》」』が授与されます。

ネット入会　入会ご希望の方はネットからも入会できます。
happy-science.jp/joinus

三帰《さんき》誓願《せいがん》　信仰をさらに深めたい方へ

仏弟子としてさらに信仰を深めたい方は、仏《ぶっ》・法《ぽう》・僧《そう》の三宝《さんぽう》への帰依を誓う「三帰誓願式」を受けることができます。三帰誓願者には、『仏説・正心法語』『祈願文《きがんもん》①』『祈願文②』『エル・カンターレへの祈り』が授与されます。

幸福の科学 サービスセンター
TEL 03-5793-1727
（受付時間／火～金：10～20時　土・日祝：10～18時（月曜を除く））

幸福の科学 公式サイト
happy-science.jp

ハッピー・サイエンス・ユニバーシティ
Happy Science University

ハッピー・サイエンス・ユニバーシティとは

ハッピー・サイエンス・ユニバーシティ(HSU)は、大川隆法総裁が設立された「現代の松下村塾」であり、「日本発の本格私学」です。
建学の精神として「幸福の探究と新文明の創造」を掲げ、
チャレンジ精神にあふれ、新時代を切り拓く人材の輩出を目指します。

人間幸福学部　経営成功学部　未来産業学部

HSU長生キャンパス TEL **0475-32-7770**
〒299-4325　千葉県長生郡長生村一松丙 4427-1

未来創造学部

HSU未来創造・東京キャンパス
TEL **03-3699-7707**
〒136-0076　東京都江東区南砂2-6-5　公式サイト **happy-science.university**

学校法人 幸福の科学学園

学校法人 幸福の科学学園は、幸福の科学の教育理念のもとにつくられた教育機関です。人間にとって最も大切な宗教教育の導入を通じて精神性を高めながら、ユートピア建設に貢献する人材輩出を目指しています。

幸福の科学学園
中学校・高等学校(那須本校)
2010年4月開校・栃木県那須郡(男女共学・全寮制)
TEL **0287-75-7777** 公式サイト **happy-science.ac.jp**

関西中学校・高等学校(関西校)
2013年4月開校・滋賀県大津市(男女共学・寮及び通学)
TEL **077-573-7774** 公式サイト **kansai.happy-science.ac.jp**

仏法真理塾「サクセスNo.1」

全国に本校・拠点・支部校を展開する、幸福の科学による信仰教育の機関です。小学生・中学生・高校生を対象に、信仰教育・徳育にウエイトを置きつつ、将来、社会人として活躍するための学力養成にも力を注いでいます。

TEL 03-5750-0747（東京本校）

エンゼルプランV　TEL 03-5750-0757

幼少時からの心の教育を大切にして、信仰をベースにした幼児教育を行っています。

不登校児支援スクール「ネバー・マインド」　TEL 03-5750-1741

心の面からのアプローチを重視して、不登校の子供たちを支援しています。

ユー・アー・エンゼル！（あなたは天使！）運動

一般社団法人 ユー・アー・エンゼル　TEL 03-6426-7797

障害児の不安や悩みに取り組み、ご両親を励まし、勇気づける、
障害児支援のボランティア運動を展開しています。

NPO活動支援

いじめから子供を守ろうネットワーク

学校からのいじめ追放を目指し、さまざまな社会提言をしています。また、各地でのシンポジウムや学校への啓発ポスター掲示等に取り組む一般財団法人「いじめから子供を守ろうネットワーク」を支援しています。

公式サイト mamoro.org　ブログ blog.mamoro.org

相談窓口 TEL.03-5544-8989

百歳まで生きる会

「百歳まで生きる会」は、生涯現役人生を掲げ、友達づくり、生きがいづくりをめざしている幸福の科学のシニア信者の集まりです。

シニア・プラン21

生涯反省で人生を再生・新生し、希望に満ちた生涯現役人生を生きる仏法真理道場です。定期的に開催される研修には、年齢を問わず、多くの方が参加しています。全世界200カ所（国内187カ所、海外13カ所）で開校中。

【東京校】TEL 03-6384-0778　FAX 03-6384-0779

メール senior-plan@kofuku-no-kagaku.or.jp

幸福実現党

内憂外患《ないゆうがいかん》の国難に立ち向かうべく、2009年5月に幸福実現党を立党しました。創立者である大川隆法党総裁の精神的指導のもと、宗教だけでは解決できない問題に取り組み、幸福を具体化するための力になっています。

幸福実現党 釈量子サイト **shaku-ryoko.net**
Twitter **釈量子@shakuryokoで検索**

党の機関紙
「幸福実現NEWS」

幸福実現党 党員募集中

あなたも幸福を実現する政治に参画しませんか。

○幸福実現党の理念と綱領、政策に賛同する18歳以上の方なら、どなたでも参加いただけます。
○党費:正党員(年額5千円[学生 年額2千円])、特別党員(年額10万円以上)、家族党員(年額2千円)
○党員資格は党費を入金された日から1年間です。
○正党員、特別党員の皆様には機関紙「幸福実現NEWS(党員版)」(不定期発行)が送付されます。

＊申込書は、下記、幸福実現党公式サイトでダウンロードできます。
住所:〒107-0052 東京都港区赤坂2-10-8 6階 幸福実現党本部
TEL **03-6441-0754** FAX **03-6441-0764**
公式サイト **hr-party.jp**

幸福の科学出版

大川隆法総裁の仏法真理の書を中心に、ビジネス、自己啓発、小説など、さまざまなジャンルの書籍・雑誌を出版しています。他にも、映画事業、文学・学術発展のための振興事業、テレビ・ラジオ番組の提供など、幸福の科学文化を広げる事業を行っています。

アー・ユー・ハッピー？
are-you-happy.com

ザ・リバティ
the-liberty.com

幸福の科学出版
TEL **03-5573-7700**
公式サイト **irhpress.co.jp**

THE FACT

ザ・ファクト
マスコミが報道しない
「事実」を世界に伝える
ネット・オピニオン番組

ザ・ファクト 検索

NEW STAR PRODUCTION

ニュースター・プロダクション

「新時代の美」を創造する芸能プロダクションです。多くの方々に良き感化を与えられるような魅力あふれるタレントを世に送り出すべく、日々、活動しています。 公式サイト **newstarpro.co.jp**

ARI Production

ARI《アリ》 Production《プロダクション》

タレント一人ひとりの個性や魅力を引き出し、「新時代を創造するエンターテインメント」をコンセプトに、世の中に精神的価値のある作品を提供していく芸能プロダクションです。 公式サイト **aripro.co.jp**

大川隆法　講演会のご案内

大川隆法総裁の講演会が全国各地で開催されています。講演のなかでは、毎回、「世界教師」としての立場から、幸福な人生を生きるための心の教えをはじめ、世界各地で起きている宗教対立、紛争、国際政治や経済といった時事問題に対する指針など、日本と世界がさらなる繁栄の未来を実現するための道筋が示されています。

2019年5月14日 幕張メッセ「自由・民主・信仰の世界」

2019年3月3日 グランド ハイアット 台北（台湾）「愛は憎しみを超えて」

2019年7月5日 福岡国際センター「人生に自信を持て」

2018年10月7日 ザ・リッツカールトン ベルリン（ドイツ）「Love for the Future」

2019年7月13日 ホテル イースト21 東京「幸福への論点」

講演会には、どなたでもご参加いただけます。
最新の講演会の開催情報はこちらへ。⟹

大川隆法総裁公式サイト
https://ryuho-okawa.org